Leben mit Naturstein: Bäder

CALLWEY

Willy Hafner

Leben mit Naturstein: Bäder

Von klassisch über modern bis Hightech

Callwey

Inhalt

Baden in Naturstein

Wasser und edler Stein – eine Wohltat für Körper und Sinne. Nach diesem Motto der traditionsreichen römischen Badekultur gestalten heute Architekten, Innenarchitekten und Natursteinfachleute Traumbäder aus Naturstein.
Ein bisschen Luxus darf schon sein, denn Baden ist Entspannung und Genuss. Und Naturstein ist der unverwechselbare und gleichzeitig funktionale Stoff, aus dem jene (T)Räume sind, die einladen zum »lustbetonten« Bad.

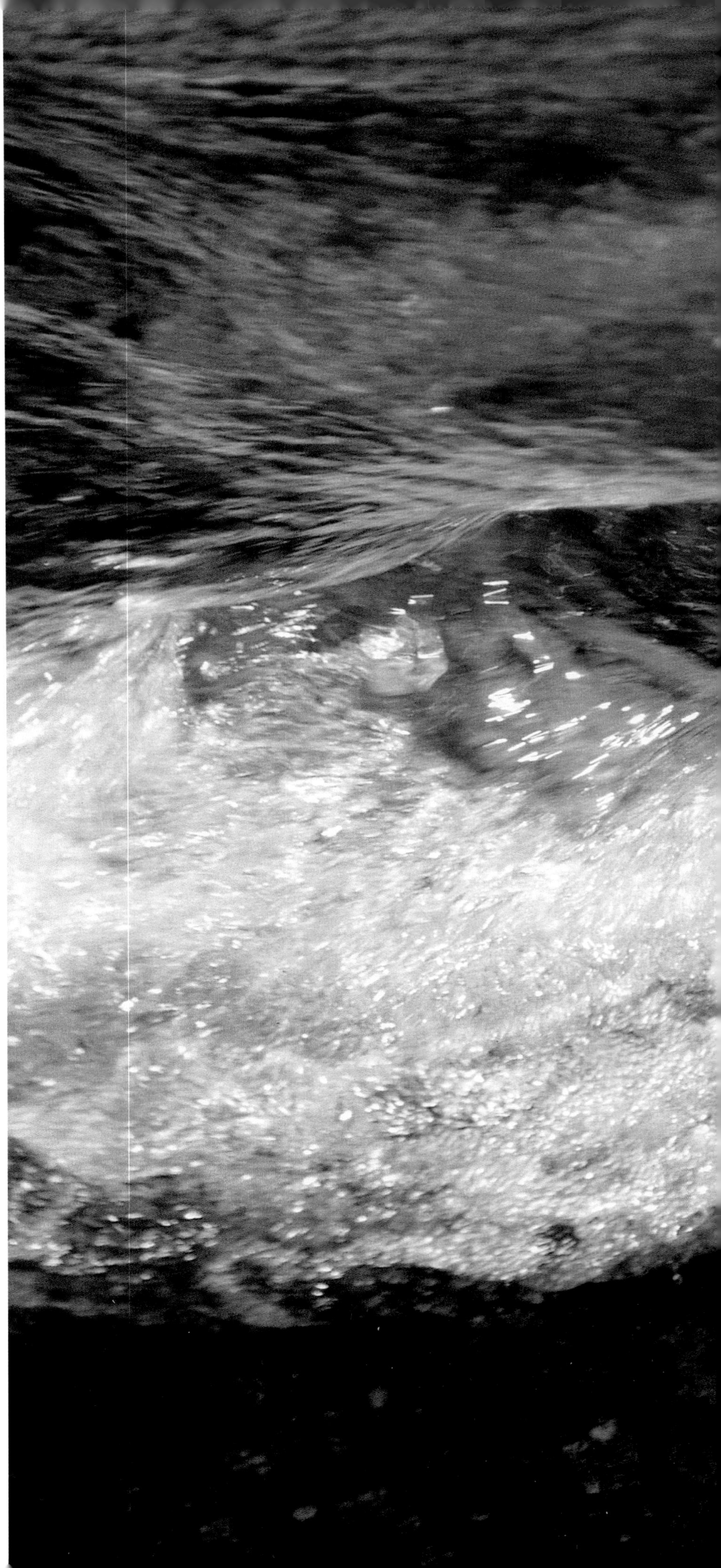

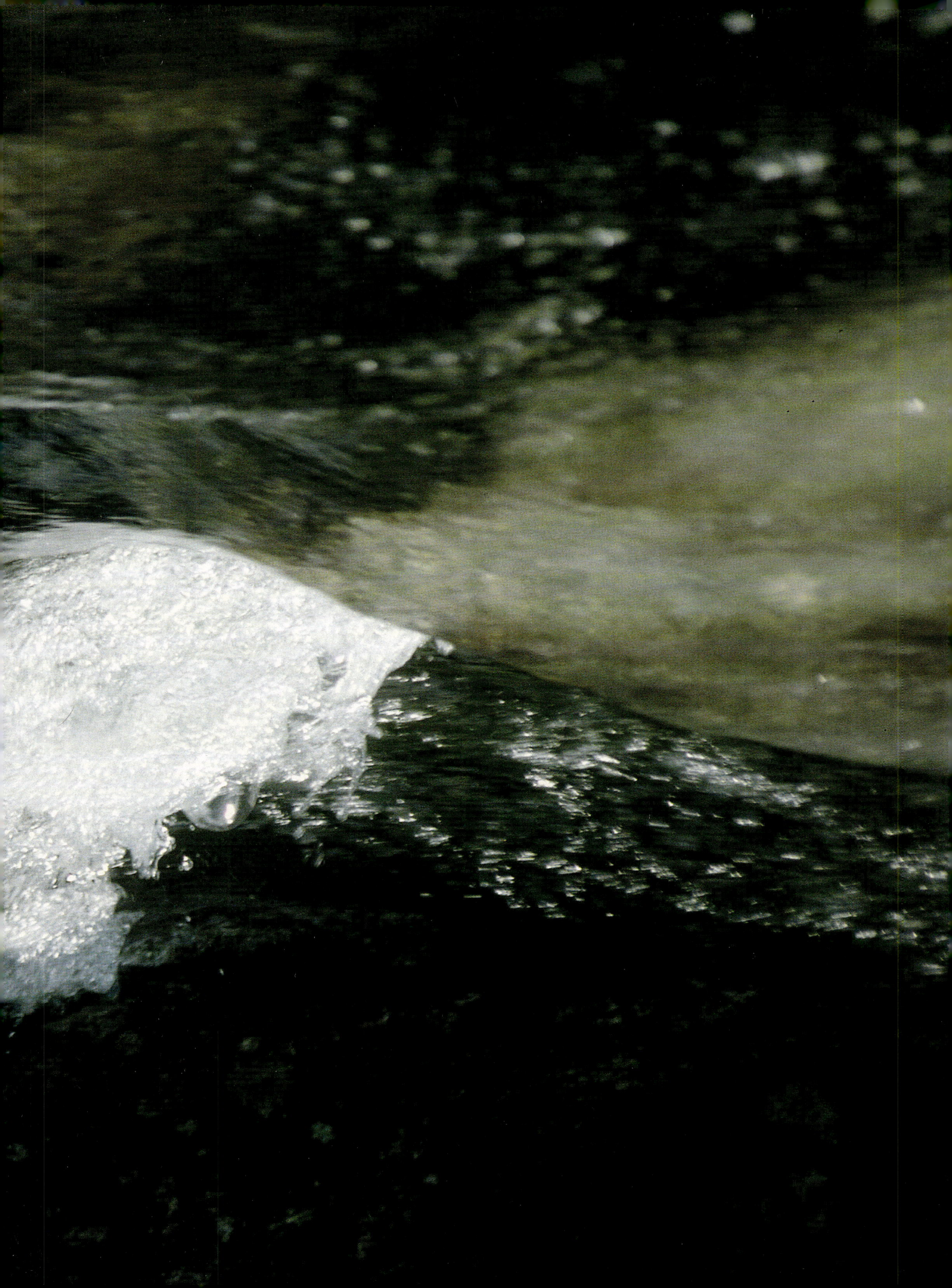

Neue Perspektiven im Badezimmer? Nur bedingt! Trotz aller gegenteiliger Beteuerungen ist die »Nasszelle« immer noch deutsche Realität. 6 m² groß, ordentlich, oftmals raumhoch gefliest, dicht verfugt und meist beherrscht von einem Raumklima, das dem eines Dampfbades durchaus nahe kommt. Das Badezimmer ist in Deutschland nach wie vor oft ein Un-Raum. Unverzichtbar zwar, doch in seiner Größe auf ein funktionales Minimum reduziert. Im Mittelpunkt steht dabei die Wanne. Ihre Bedeutung hat Sigfried Giedion schon 1948 definiert: »Die Badewanne wird zum Modul, das die Breite der Zelle bestimmt, während die Länge sich aus dem im Minimalabstand montierten Waschbecken und Klosett ergibt.« So sehen auch heute die meisten Badezimmer aus. Trotzdem: Kaum eine Entwicklung im Wohnungsbau ist in den vergangenen 20 Jahren so stürmisch verlaufen und hat so einschneidende Veränderungen in den Lebensgewohnheiten der zivilisierten Menschheit hinterlassen wie die des Badezimmers.

Das Bad wird immer öfter zu einem luxuriösen Erlebnisraum. Alles ist realisierbar: Von der Wellnesszentrale im Haus mit repräsentativem Dampfbad-Duschtempel über den intimen Rückzugsbereich, einen kontemplativen Ort, an dem Wasser und Licht großzügig und unaufdringlich über reduziert angelegte Natursteinflächen plätschern und dem nach Hygiene und Entspannung Strebenden gestatten, die viel zitierte Seele baumeln zu lassen, bis zum Hightech-Bad, das dem hyperaktiven, vom Zeitgeist nachhaltig Durchdrungenen den Flachbildschirm auf den Wannenrand und die schwimmende Maus an die seifige Hand gibt.

Das Badezimmer verändert sich. Naturstein als Material ist sinnlich und poetisch. Mit ihm bekommt das Bad gleichzeitig einen Hauch von Luxus.

Das »goldene Zeitalter« des Badens war die Antike. Seit sich der Mensch aus dem Wasser an Land gewagt hat, hat er das kühle Nass, das Bad, immer geschätzt. Vor allem die Römer entwickelten eine Hochkultur des öffentlichen Bades. In marmornen Badetempeln, geschmückt mit Mosaiken oder Fresken, häufig mit erotischen Motiven, wurde das Bad zum gesellschaftlichen Ereignis. Im Mittelalter war das Baden nicht weniger wonnig, in Badehäusern gingen Männlein wie Weiblein frohen Mutes der öffentlichen Hygiene nach, bis die Syphilis um

Naturstein wird im Bad von heute zum funktionalen Bestandteil der Architektur: Massiv ausgebildete Duschtassen mit einer rutschhemmenden Oberflächenbearbeitung und eingearbeitetem Gefälle sind ästhetisch, wirtschaftlich und hygienisch unschlagbar.

Baden bei den Griechen:
Im Palast von Knossos auf Kreta findet man ein Kanalisationssystem und den Rest einer Badewanne.

sich griff und dem Treiben ein Ende setzte. Nur wenige Privilegierte konnten sich damals private Bäder leisten. Während diese den Königen und ihren Mätressen vorbehalten waren, reinigte und vergnügte sich das Volk in der Natur.

Noch im letzten Jahrhundert galt das Bad als ein Ort der Wunder der Technik; Wasserversorgung und Kanalisation wurden entweder skeptisch als Irrung des Fortschritts gebranntmarkt, ernsthaft als Seuchengefahr bekämpft oder enthusiastisch inszeniert. Das Bad war Luxus, etwas für die oberen Zehntausend. »Otto Normalverbraucher« kannte das Bad meist anders – ein kleiner Raum ohne viel Licht, mit Schutzfarbe gestrichen oder gefliest, häufig so hässlich, dass es heute schon fast wieder schön ist – eine freudlose Kammer für die eiskalte Katzenwäsche.

In den 30er Jahren des letzten Jahrhunderts entwickelte sich in den USA das heutige Komfortbad, das die Deutschen in den Wirtschaftswunderjahren importierten und im Bauboom der 70er Jahre zu einer ersten zur Blüte brachten.

Die Gestaltungslücke Bad wurde jedoch erst vor einigen Jahren so richtig von Architekten und Verbrauchern entdeckt. Zeitgemäßes Design zog in die tristen Badezimmer ein. Frische Farben und Formen gestalteten eine einst schilfgrüne Welt neu. Der geflieste Raum für Notdurft und Reinlichkeit wird immer mehr zur Oase im Alltag. Grundrisse öffnen die Wände: Baden, Wohnen und Schlafen stehen im Raumanspruch gleichberechtigt nebeneinander. Badezimmer mit viel Fläche und Licht oder hochwertig ausgestattete Erlebnisräume mit Whirlpool, Gegenstromanlage und Dampfbad werden alltäglicher. Neben einem hochwertigen Ambiente und einer zeitgemäßen technischen Ausstattung spielen hierbei funktionale Detailgestaltungen eine immer größere Rolle.

Genauso wie warmes Wasser zur Selbstverständlichkeit geworden ist, werden sich in Zukunft neue Standards im Bad etablieren. Das betrifft einerseits die Raumplanung insgesamt – Gäste-WC, Kinderbad und zweites Duschbad –, andererseits wird das Bad selbst umfangreicher ausgestattet. Neue Farben, vielfältige Oberflächen und neue Materialkompositionen schaffen eine wohnliche Atmosphäre im Bad. Naturstein sorgt dabei für ein angenehmes Raumklima und bringt mehr Wärme ins Bad. Neben dem rein dekorativen Charakter der Steine stehen zunehmend auch funktionale Aspekte im Vordergrund. Natursteinbäder sind heute nicht mehr oberflächlich mit Normfliesen- oder Natursteinplatten dekorierte Nasszellen. Vielmehr wird Naturstein zum funktionalen Bestandteil der Architektur: Die Defizite mehrteiliger Duschtassen in Bezug auf Sicherheit, Ästhetik und Dichtung können durch den Einsatz von Naturstein beseitigt werden, denn massiv ausgebildete Duschtassen mit einer rutschhemmenden Oberflächenbearbeitung und eingearbeitetem Gefälle sind ästhetisch, wirtschaftlich und hygienisch unschlagbar. Sie haben einen fußfreundlichen, vor allem aber rutschhemmenden Boden mit einer speziellen Abdichtung, einem eingearbeiteten Gefälle und einer unterseitigen Isolierung. Sie sind aus einem Stück gearbeitet und fugenlos. An ihrer Oberfläche geschliffene und nicht hochglänzend polierte Wasch- und Schminktische sind nicht nur pflegeleicht, sie können kaum verschmutzen und sind auch in eingebautem Zustand einfach zu reinigen; abschleifen genügt. Diese und andere Lösungen rücken das Material Naturstein aus der rein dekorativen Ebene und machen es zu einem funktionalen Bestandteil der Einrichtung.

Natursteine sind Unikate. Die Auswahl an Farben und Strukturen wird durch die vielfältigen Möglichkeiten handwerklicher oder industrieller Oberflächenbearbeitungen nahezu unbegrenzt. Gestockt, scharriert, geschliffen oder poliert – jede Oberfläche hat ihren ganz eigenen Reiz und erfüllt ganz spezielle Funktionen. Beim Stocken wird der Stein geprellt. Er bekommt dadurch eine hellere Farbe und eine feinere Struktur. Es entsteht ein feines Würfelmuster. Beim Scharrieren werden fein, parallele Hiebbahnen exakt hintereinander gestellt. So lässt sich eine exakt ebene Fläche ausführen. Die Politur, eine im Nassschliff durchgeführte industrielle und noch vor wenigen Jahren in Deutschland

Baden im Mittelalter: In der Handschrift von Valerius Maximus für Anton von Burgund findet sich diese Darstellung einer burgundischen Badestube vom Ende des 15. Jahrhunderts.

Baden in den 50er Jahren: Das Badezimmer ist eingerichtet mit einer gasbetriebenen Waschmaschine, einer Heizung und einem Warmwasserboiler.

weit verbreitete Oberflächenbearbeitung, verliert heute allerdings an Bedeutung. Sie wird immer häufiger vom in verschiedenen Körnungen angebotenen Schleifen abgelöst.

Natursteine unterliegen – wie alle zur Gestaltung menschlicher Lebensräume eingesetzten Materialien – Modeströmungen. Heute sind vor allem »weiche« Steine und matte, geschliffene Oberflächen gefragt. Unifarbene, beige bis graue und schwarze Steine sind zurzeit die Trendmaterialien. Die natürlichen Steine werden daneben in raffinierten Verarbeitungsvarianten angeboten: mit abgesetzten Umrandungen, mit Oberflächen, die strukturiert oder reliefartig durch Friese oder Profilborde aufgelockert sind; in Form von Natursteinintarsien und mit Edelsteinapplikationen, in allen nur denkbaren Kombinationen und mit filigranen Gravuren. Auch im Badezimmer hat der postmoderne Stilmix Einzug gehalten.

Naturstein ist ein klassisches, exklusives Material, das für jeden Geschmack und finanziellen Rahmen etwas bietet. Naturstein für jeden – dies bedeutet jedoch nicht, aus einem individuellen, hochwertigen Baustoff ein Massenprodukt zu machen. Jeder kann sich Naturstein leisten. Es werden am Markt heute Endprodukte geboten, die durch zeitgemäße Produktions- und Vertriebsweisen auch für eine größere Verbraucherschicht akzeptabel sind: Perfekt produzierte, leicht zu handhabende, verbraucherfreundliche, vielfältig einsetzbare Kleinserien. Naturstein ist heute nicht mehr schwer, bombastisch oder teuer. Es gibt ihn in (fast) allen Farben: von tiefem

Schwarz bis zu reinem Weiß, in Blau, Grün, Rot oder Gelb. Naturstein lässt sich in seiner Vielfalt untereinander und mit anderen Materialien herrlich kombinieren: weißen Marmor mit schwarzem Granit, gelber Kalkstein mit Buche oder blauer Quarzit mit grünen Gumminoppen. Der Fantasie und Kreativität sind hier keine Grenzen gesetzt.

Naturstein ist ein ökologischer Baustoff. Stein symbolisiert Natur, ist in großen Ressourcen vorhanden und weltweit umfangreich verfügbar. Naturstein ist nicht teurer als andere Fliesen oder Platten. Eine Wertanalyse, die die Investitionskosten eines mit Keramik gefliesten Bades mit denen eines Natursteinbades vergleicht, zeigt dies deutlich. Vielen Planern ist noch gar nicht bewusst, dass eine Gestaltung aus Naturstein nicht teurer sein muss als Bodenbeläge und Wandbekleidungen aus anderen Baustoffen. Naturstein bietet dabei eine wesentlich angenehmere Raumatmosphäre und natürlich eine höhere Wertanmutung. Wie mit kaum einem anderen Material kann man mit Naturstein Räume schaffen. Naturstein ist ein »künstlerisches« Gestaltungsmittel, das schon durch seine Oberfläche und seine Materialität eine ganz bestimmte Wirkung auf die Menschen hat. Stein muss man so einsetzen, wie es seinem Wesen entspricht. Stein ist so vielfältig, die Vielfalt der Oberflächen so gewaltig, dass man hier im Gestaltungskontext frei und unvorbelastet arbeiten kann.

Naturstein ist heute nicht nur Dekor. Er wird zu einem funktionalen Bestandteil der Einrichtung. An ihrer Oberfläche geschliffene und nicht hochglänzend polierte Wasch- und Schminktische sind nicht nur pflegeleicht, sie können kaum verschmutzen und sind auch in eingebautem Zustand einfach zu reinigen.

Handwerkliche Naturstein-Oberflächenbearbeiten (v. oben n. unten und links n. rechts):
gebeilt, grob gestockt, fein gestockt, gekrönelt, scharriert

Zeitgemäße Bäder aus Naturstein unterstreichen gleichzeitig, dass handwerkliches Know-how auch in der Formensprache der Moderne gefordert ist.

Naturstein kann durch die Vielfalt seiner zur Verfügung stehenden Oberflächen wie kaum ein anderes Material Assoziationen schaffen: Wärme, Raumgefühl und Behaglichkeit. Um seine ganze Stärke auszuspielen, benötigt er Materialität, er muss als Stein und nicht als Platte verarbeitet werden. Bei einer zeitgemäßen Behandlung gibt Naturstein die ihm oft zugewiesene Bedeutung – Naturstein ist schwer und kostbar, teuer oder gar pompös – spielend auf.

Zeitgemäß bearbeitete Natursteine stehen für Begriffe wie Funktionalität, Sachlichkeit und Wohnlichkeit bei gleichzeitig hoher Wertigkeit. Natursteinbäder werden nicht für, sondern mit Menschen geplant, und vielleicht auch deshalb liegt die durchschnittliche Lebenserwartung eines Badezimmers aus Naturstein bei immerhin etwa 15 Jahren.

Bäder im Landhaus-Stil

In diesen Badezimmern stehen warme Töne im Vordergrund: Klare Grundrisse, schnörkellose Einrichtungsdetails und weiche, warme Natursteine machen den »ländlichen« Charme aus. Polierte Flächen sind hier kaum zu finden. Die Natursteine sind an ihrer Oberfläche meist nur geschliffen.

Sala di Salute nach römischem Vorbild

Raumprogramm

In enger Zusammenarbeit zwischen Kunde, Architektin und Natursteinunternehmen entstand ein römisch inspirierter Bad- und Wellnessbereich, eine Sala di Salute. Die Natursteinelemente und Mosaikarbeiten wurden nach den örtlichen Gegebenheiten in kleinen Werkstätten im mediterranen Raum individuell von Hand gefertigt. Die besonderen Erfahrungen und Techniken der Manufakturen, besonders auch im Hinblick auf die unterschiedlichsten Oberflächenbearbeitungen, geben den Materialien einen unverwechselbaren Charakter und eine warme sinnliche Ausstrahlung, die ganz neue Berührungserlebnisse vermittelt. Bei dem Bodenmaterial und den Werkstücken aus dem Kalkstein Biancone wurde die antikisierende Oberflächenbearbeitung »patinato« gewählt, die dem Material ein mattes, gelebtes Aussehen verleiht. Die Oberfläche der Säulen ist ebenfalls antikisierend, in der samtigen Ausführung Pelle d'Uovo gearbeitet. Das einzigartige Bodenmosaik im Ruheraum wurde im Stil der Cosmati gearbeitet. Dieser Stil hat seinen Ursprung in den künstlerischen Arbeiten einer Gruppe von römischen Architekten, Steinmetzen und Mosaikkünstlern, die zwischen dem 12. und 13. Jahrhundert unvergessliche Kunstwerke schufen. Der typische Dekorationsstil entstand durch die Kombination unendlich kleiner, geometrischer Formen in einer breiten Farbenvielfalt. Große neutrale Flächen aus weißem Marmor oder in einem hellen Ton bilden den entsprechenden Kontrast zu dieser Polychromie. Dieses Hauptmerkmal zahlreicher römischer Fußböden des 12. Jahrhunderts kann man auch heute noch im Dom der süditalienischen Stadt Ferentino oder in der Ortskirche Santa Maria in Cosmedin bewundern. Die blaue Duschkuppel, die Sitzbank in der Dusche, der Waschtisch mit integrierten Becken sowie das einer etruskischen Wandmalerei nachempfundene Wandbild »il tuffatore« wurden aus Cocciopesto Melioli gefertigt, einer antiken römischen Terracotta-Technik.

Ausführung

Es wurden etwa 14 m² des Kalksteins Biancone in einer Stärke von 2 cm verlegt. An ihrer Oberfläche wurden die Platten »antikisierend« geschliffen. Das aus acht Kreisen bestehende Mosaikbild ist in der Mittelfläche 3,35 x 1,88 m groß. Die Duschtür wurde aus dem Kalkstein Biancone profiliert und aus einem massiven Werkstück gefertigt. Der Schlussstein trägt das Symbol einer Dusche.
Wand und Boden sind mit dem Mosaik Opus Veneto 23 gestaltet. Dieses Mosaik mit einer Steinbreite von 2,3 cm ist eine Komposition verschiedener Natursteinmaterialien. Verarbeitet wurden Biancone, Giallo Siena und Rosso Verona.

Die Werkstücke sind auf Maß zugeschnitten. Die unterschiedlichen Oberflächenbearbeitungen geben den Materialien einen unverwechselbaren Charakter.

DEBEAMVS
SINE CORPOR
SED TAMQVAM

Die handgeschnittenen Steinchen sind auf ein 40 x 40 cm großes Netz geklebt. Das Mosaikbild im Duschboden trägt den Namen »Neptun« und hat einen Durchmesser von etwa 116 cm. Es wurde mit etwas Gefälle zur Aussparung für den Bodenablauf gearbeitet. Die Gestaltung wurde mit unterschiedlichen Marmorsorten ausgeführt.

Der eingearbeitete Mosaikfries aus Biancone, Rosso Verona und Giallo Siena bildet ein durchgehendes Dekorationselement, das auch in den Sockelleisten wieder aufgenommen wird.

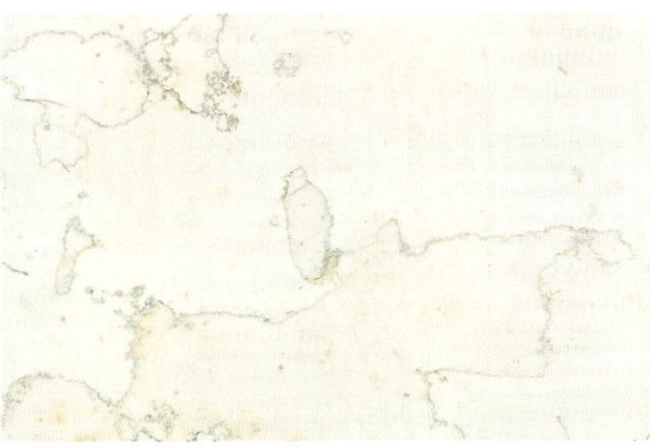

Biancone (S. 143)

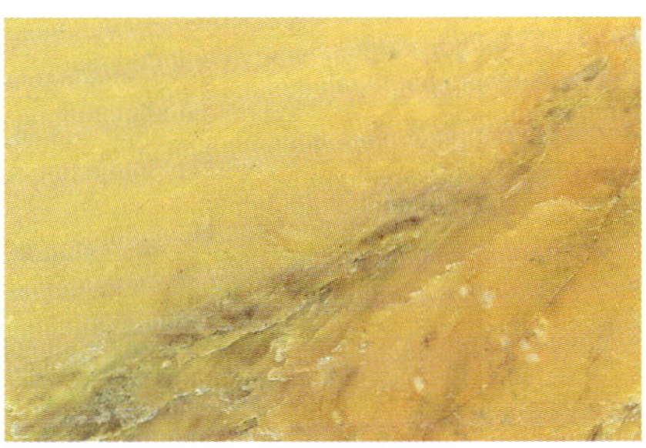

Giallo Siena (S. 145)

Rosso Verona (S. 151)

Projektdaten

Objekt:	Römisches Bad, Düsseldorf
Größe:	14 m²
Fertigstellung:	1997
Entwurfsverfasser:	Silvia Pappa, Düsseldorf mit Joseph Greis, Essen
Natursteine:	Biancone, Giallo Siena, Rosso Verona
Maße:	nach Zuschnitt
Oberflächenbearbeitungen:	antikisierend angeschliffen
Natursteinarbeiten:	Terràmica, Essen
Kosten/m²:	keine Angaben

Natursteine

Der Kalkstein Biancone, im Handel oft auch Bianco Veneto genannt, ist ein unifarbener, weißer bis gelblicher Kalkstein, der in der Nähe von Verona in Italien gewonnen wird.
Giallo Siena ist ein kräftig gelber Marmor mit einem lebhaften Ornament. Er wird in der Nähe der Stadt Siena in der Toskana gewonnen.
Rosso Verona ist ein kräftig roter Kalkstein, der nördlich der Stadt Verona gewonnen wird. Er zählt zu den bekanntesten und traditionsreichsten Natursteinen Italiens.

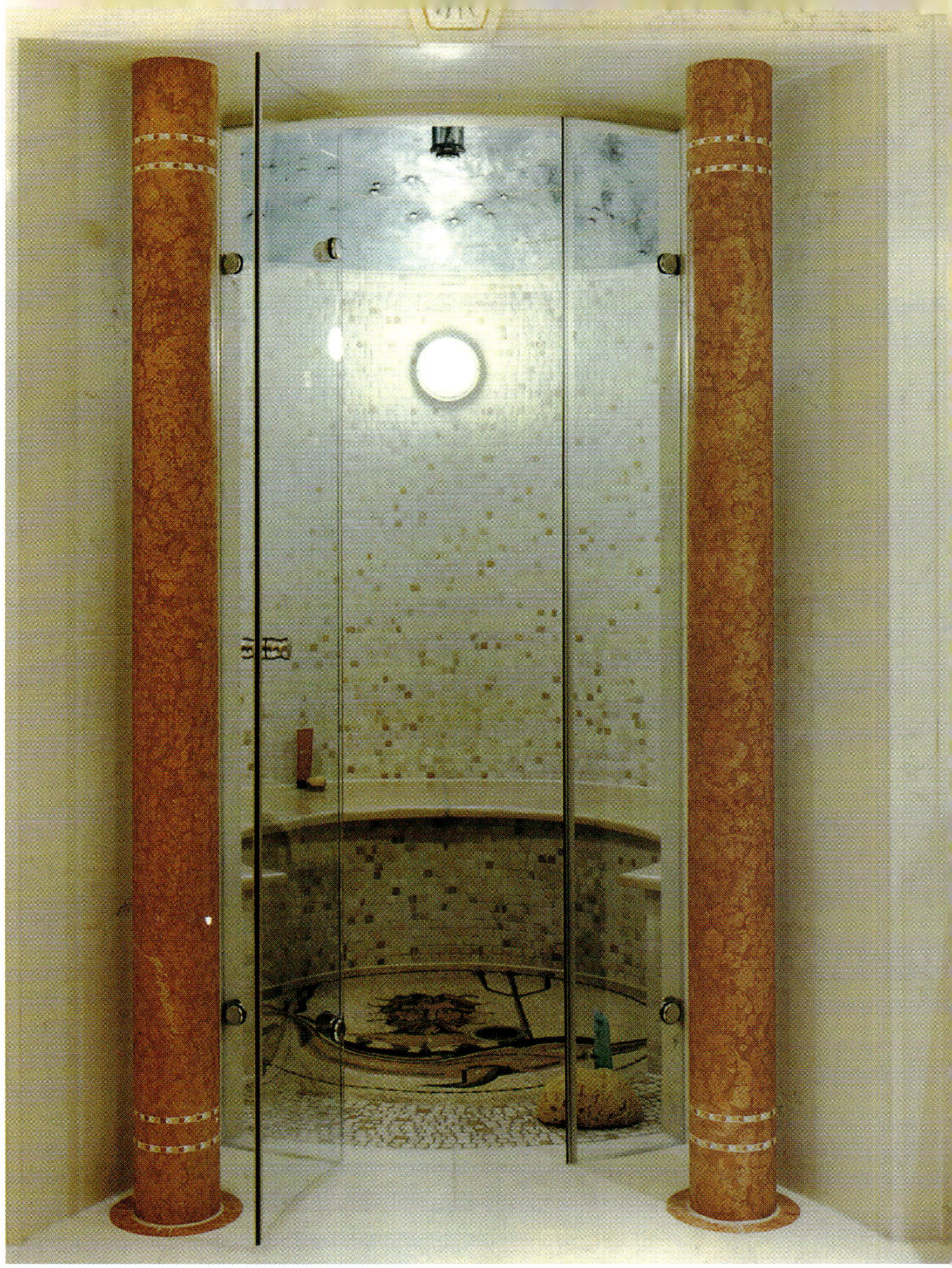

Die warme Ausstrahlung des Marmors Rosso Verona setzt farbliche Akzente. Die »Pelle d' Uovo« genannte, antikisierende Oberflächenbearbeitung gibt den Säulen ein samtiges Aussehen.

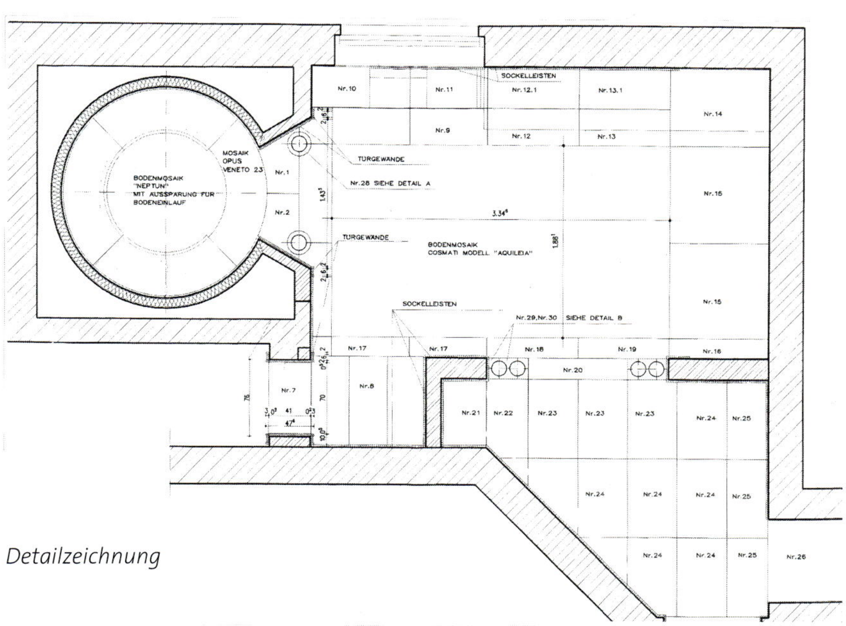

Detailzeichnung

Der Antike nachempfunden

Raumprogramm

Ein Badezimmer in einer vor einigen Jahren restaurierten Villa aus dem 17. Jahrhundert. Die Villa steht im Veneto, nur wenige Kilometer von der Stadt Verona entfernt. Bei der der Gestaltung des Hauses und vor allem auch der Badezimmer wurde darauf geachtet, dass nur Natursteine ausgewählt werden, die auch einen Bezug zu der Bautradition in Oberitalien haben. Es kamen so nur »Steine vom Ort« zur Anwendung. Die Räume sollten dabei nicht nur mit Naturstein verkleidet werden, Naturstein sollte hier ein eigenständiges Gestaltungselement sein.

Ausführung

Die nur von einer Seite zugängliche Badewanne wurde mit 60 cm langen und 30 cm breiten Natursteinplatten verkleidet. Die Wände des Bades wurden bis zu einer Höhe von 90 cm mit Natursteinplatten aus dem Kalkstein Botticino vor Spritzwasser geschützt. Sie erhielten einen Abschlussfries aus Rosso Verona. Die restlichen Wände wurden mit einer aufwändigen Putztechnik gestaltet. Die Dusche erhielt eine massive, im Durchmesser 90 cm große, aus einem Stück gearbeitete Duschtasse aus dem Kalkstein Giallo Reale. Die mit einem Unterbaubecken versehene, maßgefertigte Waschtischplatte ist 3 cm stark und ebenfalls aus Giallo Reale. Sämtliche Natursteine wurden in einem spezielle Verfahren mechanisch so behandelt, dass sie aussehen, als seien sie schon einige 100 Jahre alt.

Natursteine

Botticino Classico ist ein cremefarbener bis graubeiger Kalkstein, der in Italien, in der Nähe der Stadt Brescia gewonnen wird.
Rosso Verona ist ein kräftig roter Kalkstein, der nördlich der Stadt Verona abgebaut wird. Er zählt zu den bekanntesten und traditionsreichsten Natursteinen Italiens.

Botticino (S. 143)

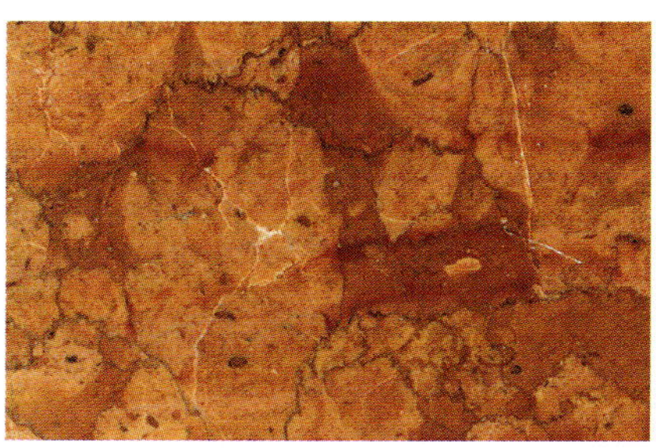

Rosso Verona (S. 151)

Projektdaten

Objekt:	Bad in einem italienischen Landhaus
Größe:	25 m²
Fertigstellung:	1998
Entwurfsverfasser:	Antiquarex S.r.L., I-Stallavena
Natursteine:	Botticino Classico, Rosso Verona
Maße Badewannenverkleidung:	60 x 30 cm x 2 cm
Oberflächenbearbeitungen:	antikisierend angeschliffen
Natursteinarbeiten:	Antiquarex S.r.L., I-Stallavena
Kosten/m²:	keine Angaben

Die nur von einer Seite zugängliche Badewanne wurde mit 60 cm langen, 30 cm breiten und 1 cm dicken Natursteinplatten verkleidet.

Noble Eleganz

Raumprogramm

Nur selten findet man Bäder, die größer sind als 12 m². Doch dann gibt es die Ausnahmen: Ein 40 m² großes Bad wurde komplett mit Naturstein gestaltet. Nach einer ausgiebigen Bemusterung wählte der Kunde den spanischen Kalkstein Crema Marfil. Dieses Material mit einer sehr hellen Optik eignet sich gut für größere Flächen und lässt das Bad in einem dezenten Naturbeige erscheinen. Sicher war für ihn, dass nicht nur der Boden mit Naturstein ausgelegt, sondern auch ein Teil der Wände bekleidet werden sollte. Hier entstand kein schrilles Ambiente, sondern eine edle, zurückhaltende Anmutung, die in Details an die Noblesse vergangener Zeiten erinnert. Abgerundet wird dieses Bild von Armaturen und Beschlägen aus dem 19. Jahrhundert für den Waschtisch und die Badewanne. Diese ist schlicht, klein, steht – nur an der Stirnseite an eine Wand angefügt – frei im weitläufigen Raum und teilt ihn. Die Kassetten-Optik setzt sich in den filigran mit Schubladen versehenen Waschtischen ebenso fort wie in der Wannenverkleidung.
Im hinteren Teil des Bades wurden zwei komplette Raumbereiche durch mit Chromrahmen versehene Milchglastüren abgetrennt; auf der rechten Seite ein WC-Raum, auf der linken Seite eine geschlossene Duschkabine. Als Sichtschutz für den WC-Bereich sowie Sicht- und Spritzwasserschutz auf der Duschseite sind diese Türen eine elegante Lösung. Der Stuck an der Decke und die geschmackvoll hinzugefügten Leuchten an Decke und Wänden – ebenfalls antiquarisch erstanden – runden das Gesamtbild des durch zwei große Fenstertüren lichtdurchfluteten Bades als Erlebnis-Zimmer in der Villa ab.

Ein Badezimmer-Ambiente, das durch seine zurückhaltende Anmutung an die Noblesse vergangener Zeiten erinnert.

Ausführung

Die optische Wirkung des hellen Fußboden aus dem Kalkstein Crema Marfil wird unterstützt durch eine aus dem Kalkstein Rosso Verona gefertigte Einlagearbeit in Form einer großen Windrose. Zudem wurde der Waschtisch- und Wannenbereich ebenfalls mit dem Kalkstein Rosso Verona verkleidet, wodurch diese Bereiche sich optisch absetzen, ohne die Gesamtansicht zu zerstören. Die Wände hätten mit einer kompletten Marmorverkleidung selbst diesen großen Raum »erschlagen«. Also entschied man sich für eine Kassettenverkleidung in halber Höhe. Diese erinnert an die Wandverzierungen spätbarocker Residenzen.

Im hinteren Teil des Bads wurden zwei komplette Raumbereiche durch mit Chromrahmen versehene Milchglastüren abgetrennt; auf der rechten Seite ein WC-Raum, auf der linken Seite eine geschlossene Duschkabine.

Crema Marfil (S. 144)

Rosso Verona (S. 151)

Projektdaten

Objekt:	Badezimmer in der Nähe von Düsseldorf
Größe:	40 m²
Fertigstellung:	1998
Natursteine:	Crema Marfil Rosso Verona
Maße Bodenplatten:	35 x 70 x 2 cm
Oberflächenbearbeitungen:	fein geschliffen
Natursteinarbeiten:	Marmor Otto, Grevenbroich
Kosten/m²:	keine Angaben

Natursteine

Crema Marfil ist ein elfenbein- bis cremefarbener Sandstein, der in der spanischen Provinz Alicante in der Nähe der Stadt Novelda abgebaut wird.
Rosso Verona ist ein kräftig roter Kalkstein, der nördlich der Stadt Verona gewonnen wird. Er zählt zu den bekanntesten und traditionsreichsten Natursteinen Italiens.

Eine schlichte, kleine Badewanne, nur an der Stirnseite an eine Wand angefügt, teilt den weitläufigen Raum.

Fußbodendetail

Mit Grün gerahmt

Raumprogramm

In einer 300 m^2 großen Neubau-Villa in München-Nymphenburg waren mehrere Bäder zu gestalten. Das Hauptbad verfügt über eine dreiseitig freistehende Badewanne, einen abgetrennten, etwa 3 m^2 großen Duschbereich, einen abgeschlossenen WC-Bereich und über eine Waschtischanlage mit einem Waschbecken.

Ausführung

Am Boden wurden bis zu 220 x 110 cm große und 3 cm dicke, an ihrer Oberfläche polierte Platten aus dem griechischen Marmor Thassos verlegt. Der gesamte Boden wird von einem 8 cm breiten Fries aus dem Serpentinit Verde Guatemala eingefasst. Aus diesem Material wurden auch die Badewannenabdeckungen, die Frontplatte der Badewanne und die Lisenen um den Spiegel gestaltet. Diese Bauteile sind 2 und 3 cm dick und wurden alle einteilig ausgeführt.

Natursteine

Thassos ist ein gleichmäßig feinkörniger, rein weißer Marmor ohne jegliche Schlieren und Adern. Er wird in Griechenland im Nordosten der Insel Thassos abgebaut. Verde Guatemala ist ein dunkelgrüner, teilweise mit hellen, weißen Adern durchzogener Serpentinit, der in Indien, im Bundesstaat Rajasthan, in der Nähe der Stadt Udaipur gewonnen wird.

Thassos (S. 140)

Verde Guatemala (S. 152)

Projektdaten

Objekt:	Bad in einer Neubau-Villa, München
Größe:	40 m^2
Fertigstellung:	1998
Natursteine:	Thassos, Verde Guatemala
Maße:	220 x 110 x 3 cm 220 x 4 x 3 cm 190 x 100 x 2 cm
Oberflächenbearbeitungen:	poliert
Natursteinarbeiten:	Johann Steininger, München
Kosten/m²:	keine Angaben

Die an drei Seiten frei stehende Badewanne wurde mit einer einteiligen Platte aus dem Serpentinit Verde Guatemala abgedeckt.

Wie zu Großmutters Zeiten

Raumprogramm

Ein Badezimmer, in dem mit geringem Aufwand und einem eher kleinen Budget eine sehr wohnliche Atmosphäre geschaffen wurde.
Im Mittelpunkt steht eine Badewanne, die liebevoll restauriert und mit einem Weinlaubornament verziert wurde. Der Fußboden des Raumes wurde mit Holzdielen ausgelegt, die ein warme Atmosphäre erzeugen. Einzig die Wand hinter der freistehenden Badewanne und dem Waschtisch wurde etwa 80 cm hoch mit Naturstein verkleidet. Optischer Mittelpunkt des Badezimmers bildet ein »Naturstein-Teppich«.

Ausführung

Die Wandverkleidung aus dem Kalkstein Giallo Reale ist etwa 80 cm hoch und 2 cm stark. Sie erhielt an der Oberkante einen umlaufenden, im Durchmesser 3 cm starken Halbstabfries aus dem Serpentinit Verde Alpi.
In eine etwa 100 x 80 cm große und 2 cm dicke Bodenplatte aus dem Kalkstein Giallo Reale wurden mittels Wasserstrahlschneidetechnik Intarsien, ebenfalls aus Verde Alpi, eingeschnitten.

Natursteine

Giallo Reale ist ein gelblicher, teilweise von rosa bis roten Schlieren durchzogener, feinkörniger Kalkstein. Er wird in Italien, in der Provinz Veneto, in der Nähe der Ortschaft Sant' Ambrogio di Valpolicella gewonnen.
Verde Alpi ist ein mittel- bis dunkelgrüner, kontrastreicher Serpentinit, in dem bis zu 15 cm große dunkelgrüne Bruchstücke lagern und der von weißen Adern durchzogen wird. Er wird in Italien, in der Provinz Aosta in der Nähe der Ortschaft Verres gewonnen.

Giallo Reale (S. 145)

Verde Alpi (S. 151)

Projektdaten

Objekt:	Bad in Schwanfeld
Größe:	15 m²
Fertigstellung:	1998
Entwurfsverfasser:	Andrea Hetzelt
Natursteine:	Giallo Reale Verde Alpi
Maße	
Wandverkleidung:	80 cm hoch
Bodenplatte:	80 x 100 x 2 cm
Oberflächenbearbeitungen:	antik geschliffen
Natursteinarbeiten:	Natursteinwerk Neuhoff, Schwanfeld
Kosten/m²:	keine Angaben

Optischer Mittelpunkt dieses Badezimmers ist eine Badewanne aus dem 19. Jahrhundert sowie der davor verlegte »Naturstein-Teppich«.

Sockel erleichtert den Weg in die Wanne

Raumprogramm

In einer Luxusvilla am Tegernsee wurde dieses Bad nach den Wünschen der Bauherren eingebaut. Alle Möbel wurden individuell angefertigt und die großzügigen Spiegelschränke maßgenau bündig in die Wände integriert. Handwerklich extra angefertigte Einlegearbeiten und kunsthandwerklich hergestellte Beschläge aus Silbernickel geben dieser Maßarbeit eine ganz persönliche Note.

Ausführung

Die Badewannenverkleidung aus dem Kalkstein Brescia Oniciata wurde aus massiven Werkstücken gefertigt. Auch die Eingangsstufe zu der Wanne aus dem weißen Marmor Thassos besteht aus einem einzigen, massiven Werkstück. Waschtischschürze und -sockel sind aus Natursteinblöcken innen und außen bogenförmig ausgefräst. Der Boden aus 40 x 40 cm großen, 2 cm dicken Platten, ebenfalls aus Brescia Oniciata, wurde fast fugenlos verlegt und abschließend vor Ort überschliffen und poliert.

Natursteine

Thassos ist ein gleichmäßig feinkörniger, rein weißer Marmor ohne jegliche Schlieren und Adern.
Er wird in Griechenland, im Nordosten der Insel Thassos, abgebaut.
Brescia Oniciata ist eine ockerfarbene bis beigegraue Kalkbrekzie mit zum Teil gelblichen, hellgraugrünen und blass-orangefarbenen Partien. Er wird in Italien, in der Nähe der Stadt Brescia gewonnen.

Thassos (S. 140)

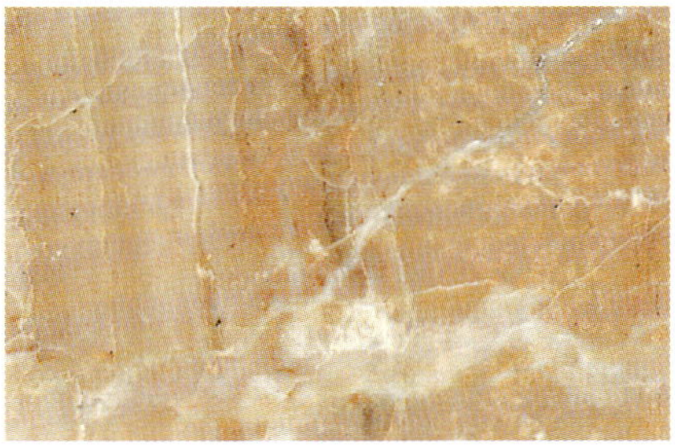

Brescia Oniciata

Projektdaten

Objekt:	Privatbad
Größe:	15 m²
Fertigstellung:	1994
Entwurfsverfasser:	Schubert GmbH, Ingolstadt
Natursteine:	Thassos Brescia Oniciata
Maße:	40 x 40 x 2 cm
Oberflächenbearbeitungen:	poliert
Natursteinarbeiten:	Schubert GmbH, Ingolstadt
Kosten/m²:	keine Angaben

Die Badewannenverkleidung aus dem Kalkstein Brescia Oniciata wurde aus massiven Werkstücken auf Maß gefertigt.

Glasmosaik-Trennwand als optischer Mittelpunkt

Raumprogramm

Badezimmer in einem Alterswohnsitz in einem kleinen Dorf in Oberbayern. Der Raum wird bestimmt von einer an drei Seiten frei stehenden, sehr großen Badewanne, die vollständig mit Naturstein verkleidet wurde. Dusche und WC werden durch eine hinter der Wanne aufgemauerte, an zwei Seiten offene Trennwand von dem übrigen Raum abgetrennt. Diese Trennwand wurde raumhoch mit einem Bisazza-Glasmosaik geschmückt. Die übrigen Wände des Raumes wurden in einer aufwändigen Spachteltechnik gestaltet.

Ausführung

Am Boden wurden 100 x 100 cm große, 2 cm starke Platten aus dem portugiesischen Marmor Estremoz Creme im Schachbrettmuster verlegt. Es wurde darauf geachtet, dass die Natursteine fast keine Aderungen zeigen.
Die Badewannenverkleidung wurde aus großformatigen, 2 cm dicken Natursteinplatten hergestellt. Um einen massiven Charakter vorzutäuschen, wurden die Platten an den Ecken auf Gehrung geschnitten.
Die Natursteinplatten wurden an ihrer Oberfläche poliert. Im Bereich der Dusche, deren Duschtasse ebenfalls aus Naturstein gefertigt wurde, sind die Platten sandgestrahlt. Damit wird die Rutschsicherheit in diesem Bereich erhöht.

Natursteine

Estremoz Creme ist ein feinkristalliner homogener Marmor, dessen Farbspektrum von Weißcreme bis zu Cremerosa reicht. Er wird in Portugal, im Süden des Landes, in der Nähe der Ortschaften Borba und Villa Viscosa gewonnen.

Estremoz Creme (S. 150)

Projektdaten

Objekt:	Bad in einem Alterswohnsitz
Größe:	15 m²
Fertigstellung:	1999
Entwurfsverfasser:	Christoph Dichtl, Buchbach
Natursteine:	Estremoz Creme
Maße:	100 x 100 x 2 cm
Oberflächenbearbeitungen:	poliert und sandgestrahlt
Natursteinarbeiten:	Naturstein Dichtl GmbH, Buchbach
Kosten/m²:	keine Angaben

Der Raum wird bestimmt von einer frei stehenden, sehr großen Badewanne, die vollständig mit Naturstein verkleidet wurde.

Märchenhaft großzügig

Raumprogramm

In einer etwa 350 m² großen Neubau-Villa am Rande des Starnberger Sees bei München sollte das Bad des Hausherrn in Anlehnung an die übrige, in einer zeitgemäßen Formensprache gestaltete, sehr hochwertige Ausstattung des Hauses gestaltet werden. In den Wohnräumen dominieren Parkett und wertvolle Teppiche als Bodenbeläge. Das Badezimmer ist mit Naturstein gestaltet. Es ist etwa 19 m² groß und wird dominiert von einer an der vorderen Seite gerundeten, sehr großen Badewanne mit einem quadratischen Grundriss, die ein sehr einfaches Aus- und Einsteigen erlaubt. Der großzügige Duschbereich erhielt, angelehnt an die Gestalt der Badewanne, einen gerundeten Ein- und Ausstieg. Die Bodenplatten wurden hier mit einem eingeschliffenen Gefälle auf einen zentralen Punkt hin verlegt. Auf eine separate Duschtasse konnte so verzichtet werden. Auch die beiden Waschtische erhielten ein Abdeckungen aus Naturstein.

Ausführung

Am Boden des Badezimmers wurden nur vier große, auf einen Fluchtpunkt hin ausgerichtete, konisch geschnittene Bodenplatten aus dem portugiesischen Marmor Estremoz Rosé verlegt. Aus diesem Material wurden sämtliche Natursteindetails dieses Badezimmers gestaltet. Alle Oberflächen wurden poliert ausgeführt. Der Natursteinsockel der Badewanne, der gleichzeitig als Eintrittstufe dient, wurde aus jeweils zwei einteiligen, gebogenen Tritt- und Setzstufen gestaltet. Die Wannenabdeckung wurde aus einem Stück gefräst. Die Vorderfrontverkleidung der Badewanne wurde aus gewölbt geschliffenen Natursteinplatten gefertigt. Der Boden des Duschbereichs wurde an der Oberfläche nur fein geschliffen.

Am Boden des Badezimmers wurden vier große, auf einen Fluchtpunkt hin ausgerichtete, konisch geschnittene Bodenplatten verlegt.

Naturstein

Estremoz Rosé ist ein feinkristalliner homogener Marmor, dessen Farbspektrum von Creme bis Rosa reicht. Er wird in Portugal, im Süden des Landes, in der Nähe der Ortschaften Borba und Villa Viscosa gewonnen.

Der Boden der Dusche wurde mit Gefälle verlegt.

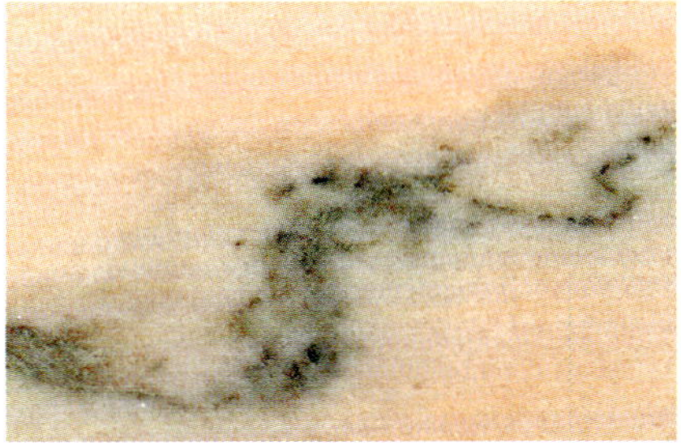

Estremoz Rosé (S. 150)

Projektdaten

Objekt:	Bad in einer Neubau-Villa, Starnberg
Fertigstellung:	1998
Entwurfsverfasser:	Erik Demmer, Der Völkel, München
Natursteine:	Estremoz Rosé
Maße:	am Boden vier große Platten; bis 160 cm
Oberflächen-Bearbeitungen:	poliert
Natursteinarbeiten:	Johann Steininger, München
Kosten/m²:	€ 2500

Die Frontverkleidung der Badewanne wurde mit gebogenen Natursteinplatten ausgeführt.

Prächtige Bäder

Barocker Luxus, das ist Überfluss, Verschwendung, manchmal gar Prunksucht. Prächtige Luxusbäder sind groß, prunkvoll und teuer. Sie wirken durch Licht und Luft. Ihre Kostbarkeit besteht darin, dass sie konsequent durchgearbeitet, stilsicher geplant und handwerklich perfekt ausgeführt sind.

Klein, aber fein

Raumprogramm

In einem Einfamilienhaus aus den 50er Jahren entstand nach einem Umbau ein kleines, aber elegantes Badezimmer. Der von einem Schreiner erstellte Waschtisch und eine in einer Nische untergebrachte Duralan-Badewanne nutzen das zur Verfügung stehende Raumangebot optimal aus. Die Badewanne wurde in einer eigens neu aufgemauerten Nische untergebracht. Die Wände des nur etwa 8 m^2 großen Raums wurde mit raumhohen Natursteinplatten verkleidet.

Ausführung

Das Bad wurde mit klassischen Marmormaterialien gestaltet: Am Boden liegen 61 x 30,5 cm große und nur 1 cm dicke Normfliesen aus Carrara Statuario-Venato. Die Wände wurden mit raumhohen, etwa 2 cm dicken Platten aus Carrara Statuario-Venato verkleidet. Die Wannennische wird an den Ecken durch raumhohe, etwa 30 cm breite Pfeiler aus dem Serpentinit Rosso Levanto akzentuiert. Die Oberflächen der Natursteine sind poliert.

Die gold-matte Armaturenoberfläche mit Kristallglashebeln unterstreicht die edle Anmutung des Badezimmer. Stuckprofile, Terzani-Wandleuchten und akzentuierende Rosso-Levanto-Intarsien runden die zeitlose und dennoch stilvolle Architektur ab.

Die Wannennische wird an den Ecken durch raumhohe, etwa 30 cm breite Pfeiler aus dem Serpentinit Rosso Levanto akzentuiert.

Natursteine

Carrara Statuario ist ein rein weißer Marmor, der in Italien in den Apuanischen Alpen in der Nähe der Stadt Carrara gewonnen wird. Er zählt zu den berühmtesten Natursteinen der Welt. Die in diesem Badezimmer verwendete Variante Statuario Venato zählt zu den Klassikern unter den Marmoren schlechthin. Mit seinem weißen Grundton und seiner mittel- bis dunkelgrauen Aderung ist dieser Marmor weltweit einzigartig.
Rosso Levanto ist ein purpurroter bis weinrot-grauer Serpentinit, der in Italien, in der Provinz Versilien, etwa 10 Kilometer nordwestlich von La Spezia gewonnen wird.

Der Waschtisch wurde von einem Schreiner gefertigt.

Carrara Statuario (S. 141)

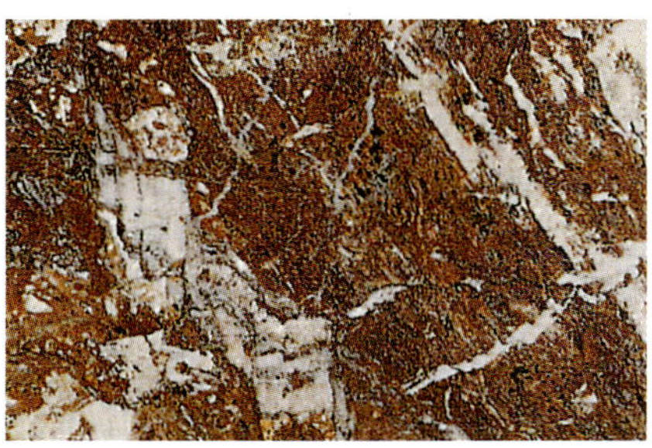

Rosso Levanto

Projektdaten

Objekt:	Badezimmer in Ingolstadt
Größe:	8 m^2
Fertigstellung:	1998
Entwurfsverfasser:	Christa Treml
Natursteine:	Carrara Statuario Rosso Levanto
Maße Bodenplatten:	61 x 30,5 x 1 cm
Oberflächenbearbeitungen:	poliert
Natursteinarbeiten:	Schubert GmbH, Ingolstadt
Kosten/m^2:	keine Angaben

Die goldmatte Armaturenoberfläche mit Kristallglashebeln gibt dem Bad eine besondere Note.

Steinstrukturen bestimmen

Raumprogramm
Ein Familien-Badezimmer in einem Wohnhaus aus den 80er Jahren in der Nähe von Ingolstadt. Das Bad erhielt eine raumhohe, nur von Spiegeln unterbrochene Wandverkleidung aus großformatigen Natursteinplatten. Auch die an drei Seiten frei stehende Badewanne wurde mit Naturstein verkleidet.

Ausführung
Die 2 cm dicken Bodenplatten aus dem Marmor Calacatta Vagli wurden gemeinsam mit kleinen quadratischen Bodenintarsien aus dem Marmor Verde Alpi nach einem von dem Natursteinunternehmen entwickelten, genau auf die Einrichtung des Raumes ausgerichteten Plan verlegt. Die lebhafte Struktur des Marmors wurde hier von der Badewannen-Vorderfront ausgehend, fortlaufend in so genannter »maccia aperta«, also mit einem gespiegelten Strukturverlauf, verlegt.

Natursteine
Calacatta Vagli ist ein feinstkörniger Marmor mit weißem Grundton und sehr lebhaft geformten, gelb bis goldfarbenen Arabesken.
Er wird in Italien, in den Apranischen Alpen, in der Nähe der Stadt Carrara gewonnen.
Verde Alpi ist ein mittel- bis dunkelgrüner, kontrastreicher Serpentinit, in dem bis zu 15 cm große dunkelgrüne Bruchstücke lagern und der von weißen Adern durchzogen wird. Er wird in Italien, in der Provinz Aosta in der Nähe der Ortschaft Verres gewonnen.

Calacatta Vagli (S. 141)

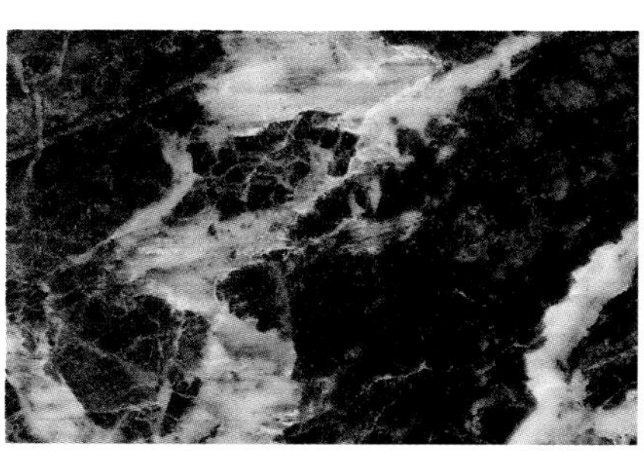

Verde Alpi (S. 151)

Projektdaten

Objekt:	Familien-Badezimmer, Ingolstadt
Größe:	16 m²
Fertigstellung:	1990
Entwurfsverfasser:	Schubert GmbH, Ingolstadt
Natursteine:	Calacatta Vagli Verde Alpi
Maße:	bis zu 170 x 100 x 2 cm
Oberflächenbearbeitungen:	poliert
Natursteinarbeiten:	Schubert GmbH, Ingolstadt
Kosten/m²:	keine Angaben

Die an drei Seiten frei stehende Badewanne wurde mit Platten aus Calacatta Vagli verkleidet.

Belletage mit Whirlpool

Raumprogramm

Ein über 30 m² großes Badezimmer in einem Mehrfamilienhaus mitten in Berlin. Der antikisierend gestaltete Raum wird durch eine großzügige, runde Badewanne, die über vielfältige Whirlpoolfunktionen verfügt, und eine fast freistehende »gläsernen« Dusche gegliedert. Die Wände sind raumhoch mit Natursteinplatten ausgestattet. Die Badewanne steht auf einem mit großformatigen, rundgearbeiteten Platten verkleideten Podest. Sie wurde ihrerseits mit massiven, ebenfalls rund gearbeiteten Werkstücken bestückt. Die gläsernen Wände der Duschkabine werden von zwei monolithischen Säulen und pilasterartigen Wandvorlagen gehalten. Ein roter Stern bildet den optischen Mittelpunkt dieses, durch die Verwendung von vergoldeten Messing-Armarturen zusätzlich gehöhten Badezimmers.

Ausführung

Am Fußboden wurden auf den optischen Mittelpunkt hin ausgerichtete 60 x 60 cm große und 2 cm dicke Platten aus dem portugiesischen Marmor Estremoz Rosé verlegt. Auch die mit teilweise raumhohen Platten ausgeführte Wandbekleidung und die massiven Werkstücke stammen aus diesem Naturstein. Der Bodenbelag der Duschkabine wurde mit einem leichten Gefälle hin zum zentralen Mittelpunkt verlegt. Der Naturstein wurde an der Oberfläche sandgestrahlt.
Der rote Stern im optischen Mittelpunkt des Raumes wurde aus acht Teilen aus dem Kalkstein Rojo Alicante zusammengesetzt. Der Bodenbelag und die Verkleidungen aus Naturstein sind an ihren Oberflächen poliert.

Dieses antikisierend gestaltete Badezimmer wird durch eine großzügige, runde Badewanne und eine fast frei stehende »gläserne« Dusche gegliedert.

Natursteine

Estremoz Rosé ist ein feinkristalliner, homogener Marmor, dessen Farbspektrum von Creme bis Rosa reicht. Er wird in Portugal, im Süden des Landes, in der Nähe der Ortschaften Borba und Villa Viscosa gewonnen.
Rojo Alicante ist ein ockergelbroter bis ziegelroter, sehr feinkörniger, dichter Kalkstein, der in Spanien, in der Provinz Alicante, in der Nähe der Ortschaft Monovar abgebaut wird.

Die Verkleidung der Badewanne wurde aus vier massiven Werkstücken geschaffen.

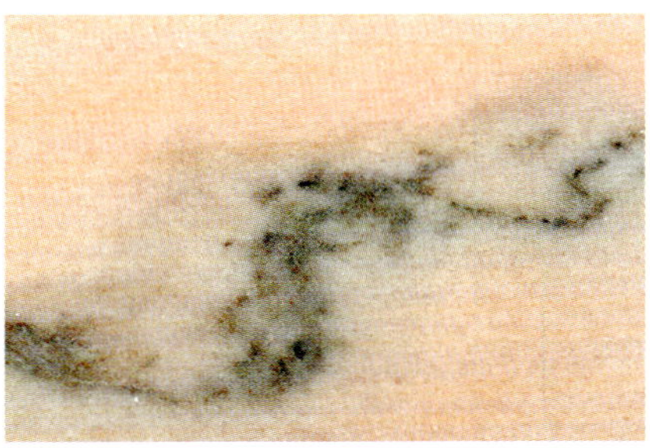

Estremoz Rosé (S. 150)

Rojo Alicante (S. 150)

Projektdaten

Objekt:	Bad in einer Eigentumswohnung in Berlin
Größe:	25 bis 30 m²
Fertigstellung:	1993
Entwurfsverfasser:	Kaminbau Stegemann
Natursteine:	Estremoz Rosé, Rojo Alicante
Maße:	60 x 60 x 2 cm
Oberflächenbearbeitungen	
Bodenbelag:	poliert
Duschtasse:	sandgestrahlt
Natursteinarbeiten:	Kaminbau Stegemann, Nottuln
Kosten/m²:	€ 1300

Zwei antikisierende Säulen halten die gläserne Duschkabine.

Für die Prinzessin

Raumprogramm
Im Erdgeschoss eines in mehrere Wohneinheiten aufgeteilten alten Schlosses am Starnberger See liegt dieses Bad im klassischen Stil.
In dem geräumigen Badezimmer befindet sich eine gerundete Eck-Badewanne, eine Einbaudusche und zwei gegenüberliegende Waschtische. Das WC ist im Blickschatten zwischen der Duscheinmauerung und einem Waschtischblock eingebaut. Der diagonal verlegte Bodenbelag gibt dem vieleckigen Raum Ruhe. Unterstützt wird dies durch eine das Zentrum bildende, achtstrahlige Intarsie, welche durch konsequenten Kontrastwechsel dreidimensionale Wirkung erzeugt und neugierig macht.

Ausführung
Der sonst im gleichen warmen Farbton des Estremoz Rosé an Boden und Wänden gestaltete Raum wird durch den dunklen Steinsockel aus Nero Portoro sowie einen umlaufenden Wandfries eingefasst. Die goldfarbenen Armaturen und Beschläge, kombiniert mit hochglanzpolierten Messingeinlagen in sämtlichen Natursteinabdeckungen, verleihen dem Raum zusätzliche Eleganz. Selbst in den maßgefertigten Unterbauten an Waschtischen und Badewanne finden sich diese Detailpunkte wieder und bewirken eine Einheit. Die »Wider-Spiegelung« der beiden nahezu raumhoch ausgeführten Spiegel über den gegenüberliegenden Waschtischen lassen das Bad weitläufiger wirken und verlängern die Raumtiefe. Ein Aufenthalt in dieser Oase lässt in der Tat ein königliches Gefühl im Benutzer des Hauses aufkommen.

Natursteine
Estremoz Rosé ist ein feinkristalliner homogener Marmor, dessen Farbspektrum von Creme bis Rosa reicht. Er wird in Portugal, im Süden des Landes, in der Nähe der Ortschaften Borba und Villa Viscosa gewonnen.
Nero Portoro ist ein tiefschwarzer Kalkstein mit mehr oder weniger stark ausgeprägten, goldgelben Adern. Er wird in Italien, in der Provinz Ligurien sowie auf der Insel Palmeria, in der Nähe der Stadt La Spezia abgebaut.

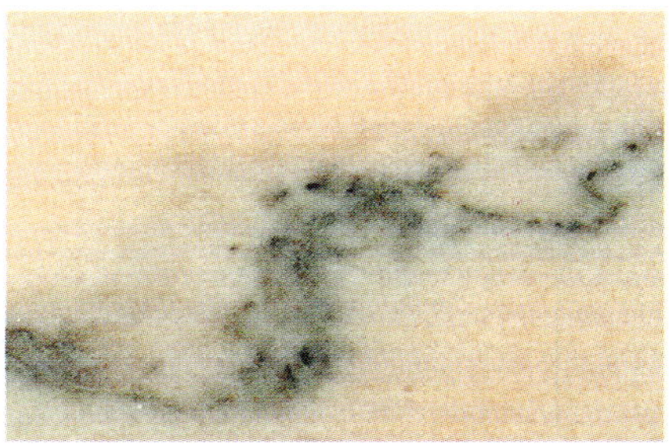

Estremoz Rosé (S. 150)

Nero Portoro (S. 155)

Projektdaten

Objekt:	Bad in einem Schloss am Starnberger See
Größe:	15 m²
Fertigstellung:	1999
Entwurfsverfasser:	Sanitär Bukoll, Dießen; And. Fischervogel
Natursteine:	Estremoz Rosé, Nero Portoro
Maße:	50 x 50 x 2 cm
Oberflächenbearbeitungen:	poliert
Natursteinarbeiten:	Design & Handwerk, Mindelheim
Kosten/m²:	keine Angaben

Der mit dem warmen Farbton des Estremoz Rosé an Boden und Wänden gestaltete Raum wird durch den dunklen Steinsockel sowie einem umlaufenden Wandfries betont.

Großzügig durch Spiegel und Podest

Raumprogramm

Ein Badezimmer in einer repräsentativen Penthouse-Wohnung in der Dortmunder Innenstadt. Dominiert wird der Raum von einer zweiseitig frei stehenden, auf einem großzügigen Podest positionierten Badewanne, die vollständig mit Naturstein verkleidet wurde. Die Wände des Raumes wurden raumhoch, arkadenartig mit grau-weißem Marmor bestückt. Verschiedene Spiegel lassen den teilweisen schrägen Raum optisch größer erscheinen.

Ausführung

Der knapp 25 m^2 große Raum wurde im Randbereich des Bodens und an den Wänden mit weißgrauem Marmor Bianco Carrara C verkleidet. Die Wände werden durch antikisierende, profilierte Pilastervorlagen arkadenartig gegliedert, die mit vergoldeten Messingornamenten gehöht sind.
Die großformatigen Natursteinplatten an den Wänden sind durchweg 2 cm stark. Waschtisch, Dusche und Badewanne erhielten zusätzliche »Spiegel« aus dem graublauen Marmor Bardiglio.
Der Bodenbelag wird von einem etwa 12 cm breiten Fries, ebenfalls aus Bardiglio, eingefasst. Eine Besonderheit stellt die harmonische Zusammenfügung der Natursteine und der Messingornamente dar.

Natursteine

Bianco Carrara C ist ein feinkörniger weißgrauer Marmor, der zarte graue Adern oder Punkte zeigt.
Er wird in Italien, in der Provinz Versilien, in den Apuanischen Alpen, in der Nähe der Stadt Carrara gewonnen. Die weißen Marmore aus dieser Region, speziell der Typ Bianco Carrara C, gehören zu den bekanntesten Natursteinen der Welt.
Bardiglio ist ein grau-blauer, sehr feinstrukturierter Marmor, der teilweise dunklere Schlieren aufweisen kann. Er wird in Italien, in der Nähe der Stadt Carrara gewonnen.

Bianco Carrara C (S.141)

Bardiglio (S. 149)

Projektdaten

Objekt:	Bad in einer Penthouse-Wohnung in Dortmund
Größe:	25 m^2
Fertigstellung:	1991
Entwurfsverfasser:	Kaminbau Stegemann
Natursteine:	Bianco Carrara C, Bardiglio
Maße:	auf Maß geschnitten
Oberflächenbearbeitungen:	poliert
Natursteinarbeiten:	Kaminbau Stegemann, Nottuln
Kosten/m²:	€ 1000

Dominiert wird dieses Badezimmer von einer zweiseitig frei stehenden, auf einem großzügigen Podest positionierten Badewanne, die vollständig mit Naturstein verkleidet wurde.

Romantische Träume erlaubt

Raumprogramm

Nach dem Umbau eines Einfamilienhauses in der Nähe von München wurde in einem fensterlosen Kellerraum ein etwa 25 m² großes Badezimmer eingerichtet. Die gläserne, halbrunde Duschkabine und die an drei Seiten frei stehende Badewanne wurden auf einem über zwei Stufen zu erreichendem Podest untergebracht. Auf der anderen Seite des Raumes wurden, ebenfalls auf einem kleinen, mit einer Balustrade abgetrennten Podest WC und Bidet untergebracht. Beide Podeste werden jeweils von zwei raumhohen, antikisierend gestalteten Säulen eingefasst.

Ausführung

Am Fußboden wurden im Schachbrettmuster 50 x 50 cm große und 2 cm dicke Platten aus dem portugiesischen Marmor Estremoz Creme verlegt. Der Marmor wurde händisch sortiert, sodass nur Platten ohne jegliche Aderung zum Einsatz kamen.

Auf den beiden Podesten sind die Platten 100 x 100 cm groß und 3 cm dick. Die Einmauerung der Badewanne wurde mit großformatigen, 2 cm dicken Platten aus Estremoz Creme verkleidet. Sie erhielt eine mit einem Rundstab und einer Hohlkehle profilierte 5 cm dicke Abdeckung. Die Badewanne wurde zusätzlich mit einer Abdeckplatte aus dem Marmor Nero Portoro eingefasst. Aus diesem Material wurde auch die Waschtischabdeckung gestaltet. Die Balustrade und die Säulen wurden jeweils monolithisch aus massiven Werkstücken gefertigt. Sämtliche Natursteine wurden an ihren Oberflächen poliert.

In einem Kellerbad wurde eine an drei Seiten frei stehende Badewanne auf einem Podest platziert.

Natursteine

Estremoz Creme ist ein feinkristalliner homogener Marmor, dessen Farbspektrum von Weißcreme bis zu Cremerosa reicht. Er wird in Portugal, im Süden des Landes, in der Nähe der Ortschaften Borba und Villa Viscosa gewonnen.
Nero Portoro ist ein tiefschwarzer Kalkstein mit mehr oder weniger stark ausgeprägten goldgelben Adern. Er wird in Italien, in der Provinz Ligurien und auf der Insel Palmeria, in der Nähe der Stadt La Spezia abgebaut.

Die Waschtischanlage erhielt eine Abdeckung aus dem Marmor Nero Portoro.

Estremoz Creme (S. 150)

Nero Portoro (S. 155)

Projektdaten

Objekt:	Kellerbad in der Nähe von München
Größe:	25 m^2
Fertigstellung:	1999
Entwurfsverfasser:	Christoph Dichtl, Buchbach
Natursteine:	Estremoz Creme, Nero Portoro
Maße:	185 x 225 x 2 cm
Oberflächenbearbeitungen:	poliert
Natursteinarbeiten:	Dichtl Naturstein GmbH, Buchbach
Kosten/m²:	keine Angaben

Bidet und WC wurden auf einem, von einer Säule eingefassten Podest untergebracht.

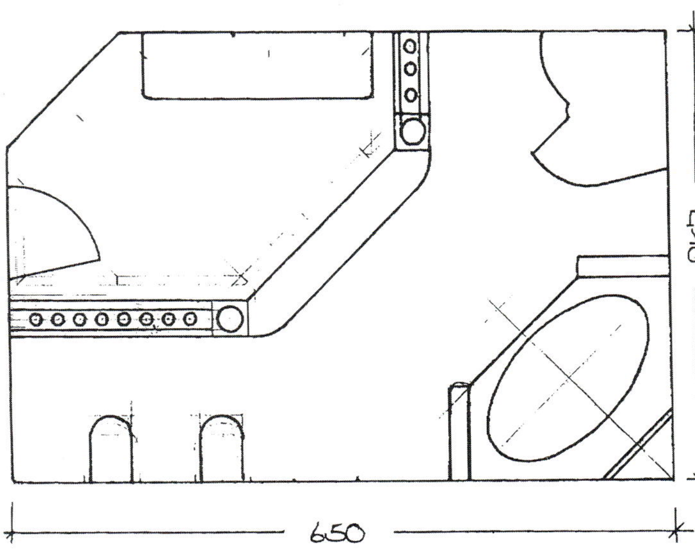

Grundriss

Luxuriöser Badetempel

Raumprogramm

Ein Tempel der Badelust mit allen Attributen des Luxus ist dieses üppige Bad. Gewünscht war vom Bauherrn eine möglichst umfassende Verwendung von Naturstein. Die Säulen und Deckenprofile sollten aus massiven Werksteinen gestaltet werden. Bedingt durch das hohe Gewicht dieser massiven Säulen und des großen Volumens der 500 Liter Wasser fassenden Badewanne wurde eine Anpassung der Statik der Rohbetondecke des Badbereichs, der im ersten Obergeschoss liegt, notwendig.

Im Mittelpunkt des Badezimmers befindet sich eine frei stehende Wanne auf einem kleinen Podest, die mit einem Whirlpoolsystem ausgestattet wurde. Sie kann von allen Seiten über drei runde Stufen betreten werden. Auf den vier Ecken stehen raumhohe, massive Säulen aus dem weißen Marmor Bianco Carrara Statuario. Die Wanne selbst erhielt ebenfalls eine Verkleidung aus diesem weißen Marmor und eine Abdeckung aus Azul Bahia.

Dusche, WC und Bidet sind vom großen Raum abgetrennt in eigenen, mit Türen verschließbaren Bereichen untergebracht. Nur der Intarsienboden, der die Architektur nachzeichnet, stellt ein verbindendes Element für die »drei Räume« dar. Eine üppige Beleuchtung und ein großer Spiegel rücken die kostbare Ausstattung in das richtige Licht.

Ausführung

Die Säulen und die umlaufenden Deckenprofile wurden massiv aus weißem Marmor Carrara Statuario herausgearbeitet. Der Waschtisch und die Badewannenabdeckung bestehen ebenso wie die Einlegearbeiten aus Azul Bahia. Die Waschtische mit den entsprechenden Sockeln wurden sehr aufwändig profiliert. Die Stufe zur Dusche aus Azul Bahia wurden zudem mit Messingintarsien betont.

Die Wandverkleidung wurde in »macchia-aperta«, der Spiegelung zweier Natursteinplatten, ausgeführt. Die Oberfläche sämtlicher Natursteindetails wurde poliert.

Die Wanne erhielt eine Verkleidung aus dem weißem Marmor Bianco Carrara Statuario und eine Abdeckung aus dem Granit Azul Bahia.

Natursteine

Bianco Carrara Statuario ist ein rein weißer Marmor, der keinerlei Aderungen oder Farbeinschlüsse aufweist. Er wird in Italien, in der Provinz Versilien, in der Nähe der Stadt Carrara in den Apuanischen Alpen gewonnen und zählt zu den berühmtesten und exklusivsten Natursteinen der Welt.
Azul Bahia ist ein Granit, der durch eingelagerte Sodalith-Kristalle eine tiefblaue Färbung erhielt. Er wird in Brasilien, im Bundesstaat Bahia, etwa 200 Kilometer westlich der Hauptstadt San Salvador abgebaut.

Auf den vier Ecken der Badewanne stehen raumhohe, massive Säulen aus dem weißen Marmor Bianco Carrara Statuario.

Bianco Carrara Statuario (S. 141)

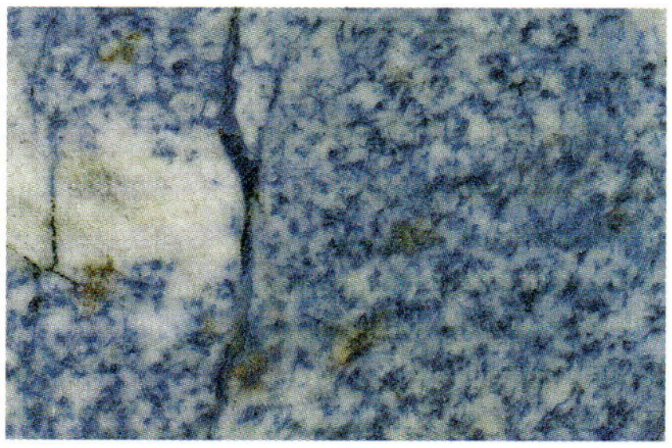

Azul Bahia (S. 148)

Projektdaten

Objekt:	Bad am Tegernsee
Größe:	25 m²
Fertigstellung:	1998
Entwurfsverfasser:	Schubert GmbH, Ingolstadt
Natursteine:	Bianco Carrara Statuario Azul Bahia
Maße Bodenplatten:	305 x 305 x 2 cm
Oberflächenbearbeitungen:	poliert
Natursteinarbeiten:	Schubert GmbH, Ingolstadt
Kosten/m²:	keine Angaben

Die Abdeckung der Waschtische besteht aus einer 2 cm starken Azul-Bahia-Platte.

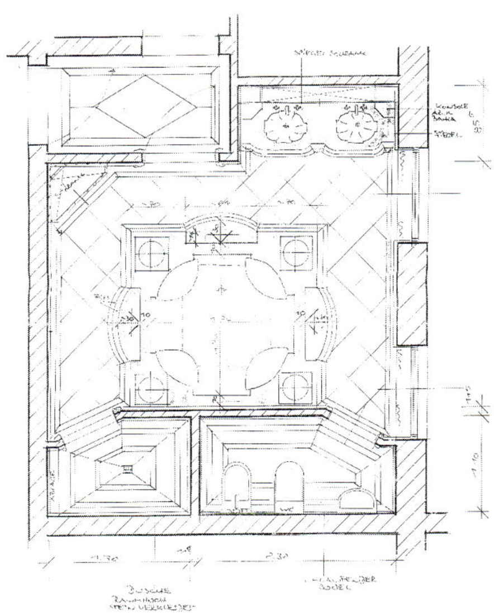

Grundriss

Aus Stein gemeißelt

Raumprogramm
In einem postmodernen Villenneubau wurde das Badezimmer realisiert, das durch die üppige Verwendung von Naturstein auffällt. Hier sind nicht nur Wandbekleidung und Bodenbelag aus Naturstein, dieses Bad wurde komplett mit Naturstein eingerichtet.

Ausführung
Die raumhohe Verkleidung der Wände wurde mit Estremoz-Marmor ausgeführt. Der Boden wurde mit großformatigen Platten aus dem Serpentinit Verde Alpi verlegt. Waschbecken, Badewanne, WC und Bidet wurden massiv aus dem Kalkstein Rosso Verona herausgearbeitet.

Ein Bad aus Stein: Estremoz an den Wänden, Verde Alpi am Boden und massive Einrichtungsgegenstände aus Rosso Verona

Natursteine

Estremoz Rosé ist ein feinkristalliner homogener Marmor, dessen Farbspektrum von Creme bis Rosa reicht. Er wird in Portugal, im Süden des Landes, in der Nähe der Ortschaften Borba, Villa Viscosa gewonnen.
Rosso Verona ist ein kräftig roter Kalkstein, der nördlich der Stadt Verona gewonnen wird. Er zählt zu den bekanntesten und traditionsreichsten Natursteine Italiens.
Verde Alpi ist ein mittel- bis dunkelgrüner Naturstein, der teilweise von kräftigen weißen Adern durchzogen wird. Er wird in Italien, im Aosta-Tal, nördlich der Ortschaft Verres abgebaut.

Detail der massiven Badewanne aus Rosso Verona

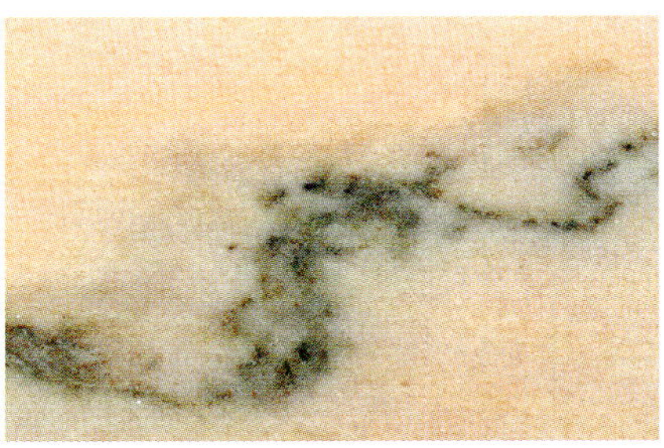

Estremoz Rosé (S. 150)

Rosso Verona (S. 151)

Verde Alpi (S. 151)

Projektdaten

Objekt:	Familienbad in Zeulenrode
Größe:	20 m²
Fertigstellung:	2000
Entwurfsverfasser:	Dr. Görsfner
Natursteine:	Estremoz Rosé, Rosso Verona, Verde Alpi
Maße:	220 x 125 x 45 cm
Oberflächenbearbeitungen:	poliert
Natursteinarbeiten:	Alfons Baumann GmbH, Röttingen
Kosten/m²:	€ 2500

Aus einen Natursteinblock wurde die Badewanne herausgearbeitet.

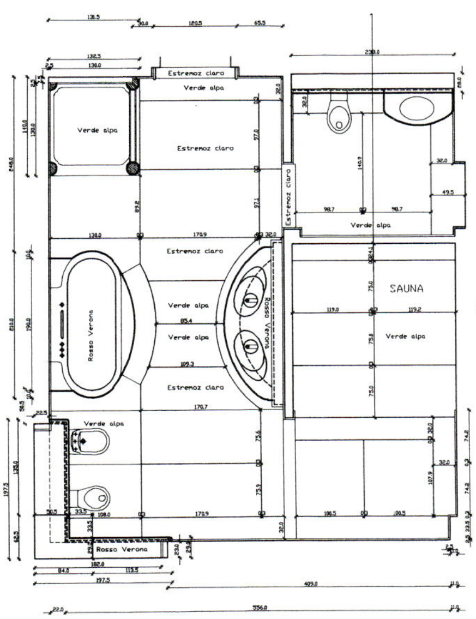

Grundriss

Blau, Weiß, Gold

Raumprogramm

Ein Badezimmer aus den 60er Jahren wurde entkernt. In dem neuen, knapp 12 m² großen und teilweise schrägen Raum konnten so zwei Badewannen und ein winziges Gäste-WC integriert werden. Optischer Mittelpunkt ist eine an zwei Seiten offene, mit gläsernen Wänden gestaltete Dusche, ein fast frei stehender Whirlpool und eine in einer Nische platzierte und mit einem abgetreppten Ausschnitt versehene Badewanne zum Relaxen.

Vor einer Spiegelwand wurde eine große Waschtisch-Anlage von einem Schreiner eingepasst. Sie erhielt eine massiv anmutende Abdeckung aus Naturstein. Schattenfreies Schmink- bzw. Rasierlicht spenden die Leuchten »Pipes« von Steng. Goldmatt-Armaturen mit Glasapplikationen, Goldmosaik-Intarsien sowie die Cocoon-Badewanne von Nevobad mit Whirlpoolsystem verbreiten mehr als einen Hauch von Luxus in diesem Bad.

Ausführung

Da es sich bei diesem Bad um einen Umbau handelt und am Boden nur geringe Aufbauhöhen zur Verfügung standen, wurden hier 30,5 x 30,5 cm große und 1 cm dicke Normfliesen aus dem Marmor Golden Cristal verlegt. Im Bereich der Dusche und der Badewanne wurden die Wände raumhoch ebenfalls mit Golden Cristal verkleidet. Die 2 cm dicken Platten der Waschtischabdeckung und der Badewannenverkleidung aus dem Quarzit Azul do Macaubas wurden, um Massivität vorzutäuschen, auf Gehrung geschnitten. Die Eingangsstufe zur Badewanne wurde aus einem Werkstück gearbeitet. Sämtliche Natursteine wurden an ihrer Oberfläche poliert. Es entstand eine spannende Kombination aus den Natursteinen Golden Cristal und Azul do Macaubas.

Optischer Mittelpunkt dieses Badezimmers ist eine an zwei Seiten offene, mit gläsernen Wänden gestaltete Duschkabine.

Natursteine

Azul do Macaubas ist ein feinkörniger, äußerst kompakter Quarzit, dessen Farbspektrum von weißblau bis zu einem satten azurblau reicht. Er wird in Brasilien, im Bundesstaat Bahia, in der Nähe der Ortschaft Macaubas abgebaut. Golden Cristal ist ein weißer, kristalliner Marmor, der auf weißem Grund kräftige gelbe Schlieren zeigt. Er wird in der Türkei gewonnen.

Fußboden der Dusche aus Golden Cristal.

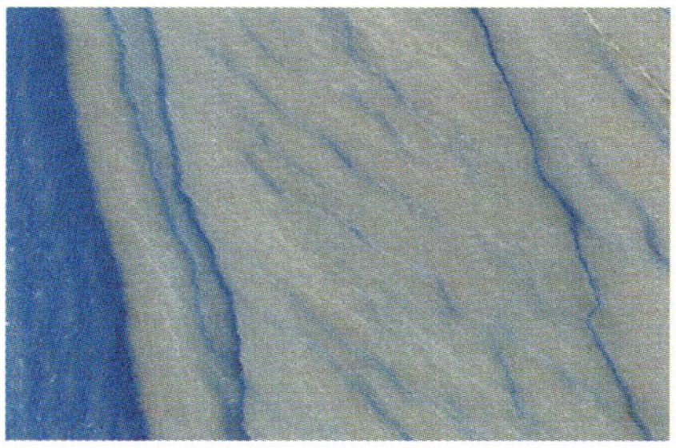

Azul do Macaubas (S. 147)

Projektdaten

Objekt:	Badezimmer in Regensburg
Größe:	12 m²
Fertigstellung:	1998
Entwurfsverfasser:	Schubert GmbH, Ingolstadt
Natursteine:	Azul do Macaubas, Golden Cristal
Maße:	30,5 x 30,5 x 1 cm
Oberflächenbearbeitungen:	poliert
Natursteinarbeiten:	Schubert GmbH, Ingolstadt
Kosten/m²:	€ 400

*Goldmatt-Armaturen geben
der Waschtisch-Anlage eine besondere Note.*

Zeit-genössische und Hightech-Bäder

Zurückhaltung wird hier zum Luxus. Diese Bäder bestechen durch die Einfachheit ihrer Formen. Natursteine setzen in diesen schnörkellosen Bädern klare Akzente.

Blick auf die Allgäuer Alpen

Raumprogramm

Der Blick auf die Allgäuer Nagelfluhkette macht in diesem etwa 24 m² großen Bad noch mehr Lust aufs Relaxen.

Das Badezimmer befindet sich im Obergeschoß eines als Einfamilienwohnhaus umgestalteten, aufgelösten Bauernhofs in der Nähe von Kempten. Der Bauherr wollte sich auf Wesentliches beschränken: zwei wandhängende Porzellanwaschbecken, Toilette, Bidet, Dusche und Badewanne. Diese Sanitärobjekte sind durchwegs in runden Formen gewählt und stellen in dem großen rechteckigen Raum fast schon raumbildende Exponate dar.

Ausführung

Mit souveräner Eleganz passt sich der am Boden zweiaxial aufgespiegelte, markant geaderte Marmor Bianco Carrara Statuario, der in großen Formaten zusammengesetzt wurde, dem nüchternen Grundriss an. Obwohl auf die Wandachse bezogen, wirkt die Dusche durch ihre Vollverglasung eher zurückhaltend und unterstützt die Gradinigkeit der aufgespiegelten Wandverkleidung aus dem weißen Marmor ebenso wie die in die Wand eingelassenen Schränke mit hinterleuchteten, satinierten Gläsern.

Ein weiteres »Highlight« ist die runde Eckbadewanne, deren Schürze im gleichen Material wie der Bodenbelag in mehreren kurzen Stücken mit durchlaufender Textur exakt nach der Rundung der Wanne ausgeschliffen, gestaltet und montiert wurde. Die Spachteltechnik oberhalb der Wandverkleidung ist in einem sanftem Türkis gehalten und lässt den Raum noch größer wirken.

Zwei wandhängende Porzellanwaschbecken und eine frei stehende Duschkabine bestimmen das Bild in diesem Bad.

Natursteine

Carrara Statuario ist ein rein weißer Marmor, der in Italien in den Apuanischen Alpen in der Nähe der Stadt Carrara gewonnen wird. Er zählt zu den berühmtesten Natursteinen der Welt.

Bodenplatten aus Carrara Statuario, in großen Formaten zusammengesetzt, passen sich dem nüchternen Grundriss an.

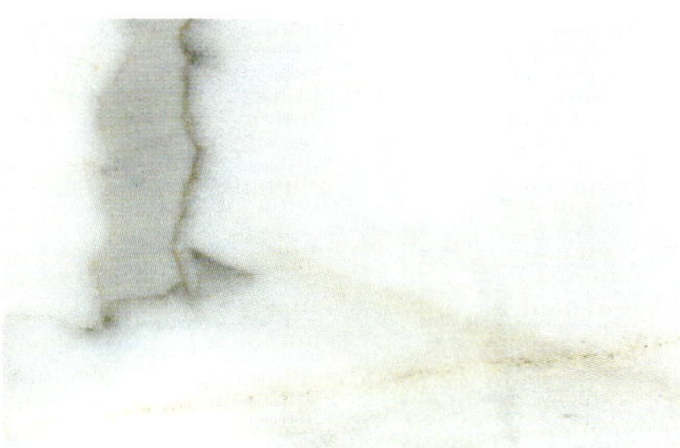

Carrara Statuario (S. 141)

Projektdaten

Objekt:	Bad bei Kempten
Größe:	24 m²
Fertigstellung:	1999
Entwurfsverfasser:	Design & Handwerk, Mindelheim
Natursteine:	Carrara Statuario
Maße der Platten:	60 x 60 x 2 cm
Oberflächenbearbeitungen:	poliert
Natursteinarbeiten:	Rudolph Stein & Handwerk, Weiler
Kosten/m²:	keine Angaben

Die Schürze der gerundeten Eckwanne wurde mit mehreren kurzen Stücken des Marmors Bianco Carrara Statuario gestaltet.

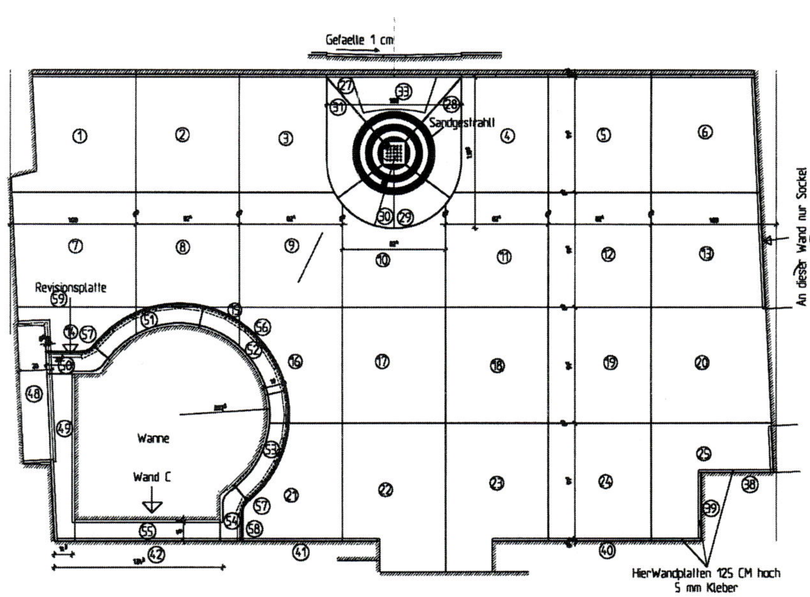

Grundriss 1:10

Platz für zwei

Raumprogramm
Luxuriöses Badevergnügen auf kleinem Raum: Der verwinkelte Grundriss des etwa 9 m² großen Raums wurde vorteilhaft in die Planung mit eingebracht. Die Harmonie von geraden Linien und unregelmäßigen Kanten sind hier miteinander kombiniert. Raumbestimmender Mittelpunkt ist eine große, in einer Nische platzierte Badewanne. Dass diese genügend Platz für zwei Personen bietet, war Grundbedingung bei die Planung. Blickfang in dem Raum ist eine Natursteineinlegearbeit in Form eines Flusses.

Ausführung
Die Grundform der achteckigen Badewanne wurde bei der Badewannenabdeckung aus Azul do Macaubas wieder aufgegriffen. Eine witzige Idee sind die in einen Rohblock aus Azul do Macaubas eingelassenen Armaturen zum Befüllen der Wanne. Die Duschbrause hingegen wurde direkt in die Natursteinabdeckung eingelassen. Der Wasserstrahl scheint so direkt aus dem Stein zu kommen. Die Verkleidung der Wanne wurde aus polierten Azul Cielo gefertigt. Die Waschtischabdeckung besteht aus Azul do Macaubas. Die Oberfläche wurde hier beflammt. Nur um den Beckenausschnitt des Unterbaubeckens wurde eine Facette anpoliert. Die beflammte Oberfläche ist weniger anfällig für Kalkflecken und damit weniger pflegebedürftig.
Das Waschtischgestell und der verstellbare Wandspiegel sind aus Edelstahl. Die Rückwand mit einer Ablage aus Azul do Macaubas dient als Verkleidung der Vorwandinstallation. Sie ist etwa 110 cm hoch.
Die raumhohen Duschwände, der Duschboden, die überstehende Einfassung der Badewanne sowie eine Einlegearbeit am Fußboden sind aus 2 cm starken Platten des brasilianischen Natursteins Azul do Macaubas gefertigt. Bis auf den Bodenbelag der Dusche sind alle Natursteine an ihrer Oberfläche poliert. Der innenliegende Würfelbelag der Dusche aus Azul Cielo wurde, um die Rutschgefahr zu mindern, nur matt geschliffen.
Die Höhe der Duschwände beträgt etwa 220 cm. Das komplette Bad wurde mit einem etwa 15 cm breiten Fries aus Azul do Macaubas eingefasst.

Die Badewanne bietet genügend Platz für zwei Personen; die Armaturen zum Befüllen der Wanne sind in einen Rohblock aus Azul do Macaubas eingelassenen.

Natursteine

Azul Cielo ist ein hell- bis mittelblauer Marmor, der leichte weiße Streifen oder Punkte zeigt. Er wird in Argentinien, in der Provinz Cordoba, in der Nähe der Ortschaft La Falda gewonnen.
Azul do Macaubas ist ein feinkörniger, äußerst kompakter Quarzit, dessen Farbspektrum von Weißblau bis zu einem satten Azurblau reicht. Er wird in Brasilien, im Bundesstaat Bahia, in der Nähe der Ortschaft Bahia abgebaut.

Die Waschtischabdeckung besteht aus Azul do Macaubas. Die Oberfläche wurde hier beflammt.

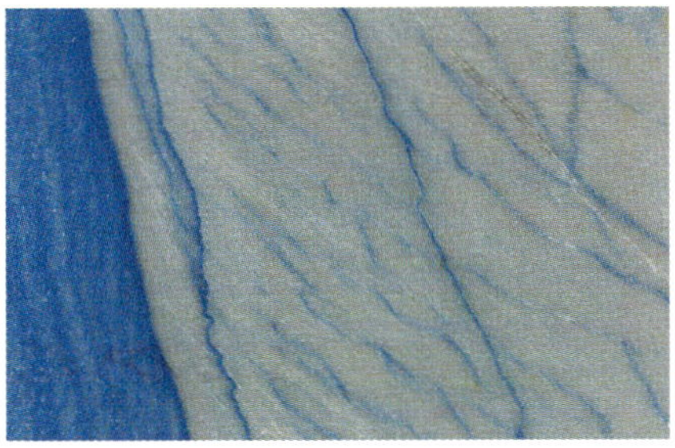

Azul do Macaubas (S. 147)

Projektdaten

Objekt:	Ausstellungsbad
Größe:	9 m²
Fertigstellung:	1998
Entwurfsverfasser:	Andrea Hetzelt, Schwanfeld
Natursteine:	Azul do Macaubas, Azul Cielo
Maße:	nach Aufmaß
Oberflächenbearbeitungen:	poliert, geschliffen und beflammt
Natursteinarbeiten:	Natursteinwerke Neuhoff, Schwanfeld
Kosten/m²:	€ 900

Blickfang des Bades ist eine Einlegearbeit in Form eines Flusses.

Klare Kanten

Raumprogramm

Im Zuge einer Umbaumaßnahme sämtlicher Sanitärräume eines Hauses, das bereits Ende der 60er Jahre entstand, wurde dieses Bad umfassend neu konzipiert. Der Raum, der bereits vorher als Badezimmer genutzt wurde, erhielt eine gänzlich andere Raumaufteilung, wurde neu strukturiert und gegliedert.

Eine dreiseitig frei stehende »Badeinsel« auf einer Podeststufe löst die einst in eine hintere Ecke des Raumes verbannte, eingemauerte Wanne ab und trennt gleichzeitig die Waschtischanlage von den Bereichen Dusche und WC. Die Badewanne ist zum Mittelpunkt dieses immerhin fast 16 m² großen Bads geworden. Eine massive Podeststufe aus dem Naturstein Azul Bahia ermöglicht einen fast ebenerdigen Zugang zur Dusche und dient gleichzeitig als kleiner Schwallrand. In die Wanne eingebaute Bodenstrahler betonen diesen Podestbereich zusätzlich und sorgen für eine angenehme, stimmungsvolle Beleuchtung.

Die eigentliche Wannensituation wirkt dadurch sehr kompakt. Aus installationstechnischen, raumgliedernden und vor allem ästhetischen Gründen wurde in dem Badezimmer eine winkelförmige Mauer neu eingezogen und mit blauem Naturstein bekleidet. Hinter dieser wurde das WC von den anderen Bereichen uneinsehbar montiert. Durch die seitlich angesetzten Klarglasscheiben wird zudem Transparenz und Leichtigkeit erreicht. In die Waschtischanlage aus Azul Bahia wurden zwei, von dem Designer Dieter Sieger für das Natursteinunternehmen exklusiv entworfene Waschtische aus dem Gabbro Nero Assoluto eingesetzt. Aus Edelstahl wurde ein durchgehender, mit den Natursteinplatten an der Wand bündig verarbeiteter Mittelstreifen eingesetzt.

Ausführung

Hervorgehoben wird die Unterteilung des Bades in verschiedene Bereiche auch durch die Art des Natursteinbodenbelags. In den Hauptbewegungsbereich wurden 30,5 x 30,5 cm große und 1 cm dicke Normfliesen aus dem griechischen Marmor Thassos verlegt, während das Wannenpodest mittels 2 cm dicker, großformatiger Platten abgesetzt wurde. Die Eingangsstufe zu der mit massiven, 80 cm langen und 8 cm starken Werkstücken aus dem Granit Nero Assoluto verkleideten Badewanne ist monolithisch aus dem Sodalith Azul Bahia ausgeführt. Die Stufe ist 2 m lang und 30 x 30 cm dick.

Eine Trennwand zwischen den beiden Waschtischen und dem WC-Bereich wurde mit raumhohen, 2 cm starken Natursteinpaneelen aus Azul Bahia verkleidet.

Ein klares, kühles Bad: Eine dreiseitig frei stehende Badewanne auf einer Podeststufe trennt die Waschtischanlage von der Dusche und dem WC.

Schlicht und schön

Raumprogramm

Für die Planung dieses Familien-Badezimmers stand ein 24 m² großer Raum zur Verfügung. Es entstand ein Raum, der eine perfekte Mischung aus schlichter Eleganz und Wohnlichkeit darstellt. Das Raumzentrum bildet die axial angeordnete Einbaubadewanne, die von drei Seiten zugänglich ist. Eine raumhohe Wandscheibe am Fußende der Wanne trennt Dusche und WC von diesem Badebereich ab. Die zweite Wand zwischen Dusche und WC ist eine Installationswand.

Um dem Raum eine helle, ruhige Atmosphäre zu geben, wurden starke Farben vermieden. Ein besonderer Reiz entsteht durch das Wechselspiel von Natursteinmosaiken und großflächigen Bekleidungen aus Natursteinplatten. Während alle gerundeten Teile, der Wannenkopf, die flachgerundeten, raumhohen Schränke beidseits der Waschtischanlage und die Waschtischverblendung mit Mosaik belegt wurden, wurden für die Verkleidung großformatige Platten verwendet, die – ein besonders sensibler Akzent – in den waagerechten Fugen durch einreihige Mosaikzeilen betont sind. Die übrigen Fugen sind durch einen Schrägschnitt der Plattenkanten gekennzeichnet. In der Waschtischanlage sind die Schränke unauffällig hinter einer Mosaikverkleidung verborgen. Die Steine des Fußbodens erhielten durch eine antike Bearbeitungsmethode eine samtige Oberfläche. Details wie mattierte, metallene Oberflächen oder silbern patinierte Spiegel ergänzen die zurückhaltende Gestaltung des Bades.

Die Spiegelbeleuchtung wurde in den Spiegel integriert. Die Dusche ist zurückhaltend und transparent gestaltet, um die Wirkung des Raums nicht zu beeinträchtigen.

Ein reizvoller Akzent in diesem Bad ist der Wechsel von Platten- und Mosaikverkleidungen.

Ausführung

Der Raum ist am Boden und den Wänden zum großen Teilen mit dem italienischen cremefarbenen Kalkstein Biancone mit antikisierender Oberfläche ausgekleidet. Die Natursteinfliesen sind 30,5 x 30,5 x 1 cm dick. Die Netze mit den Natursteinmosaiken haben die gleiche Größe. Die Bekleidung der Wanne, der Waschtischanlage (mit integrierten Schränken) und der raumhohen Trennwände sind ebenfalls mit dem Kalkstein Biancone gestaltet.

Die Waschtischanlage mit den ebenfalls mit Biancone verkleideten Schränken.

Biancone (S. 143)

Projektdaten

Objekt:	Familienbad in Ingolstadt
Größe:	24 m²
Fertigstellung:	1997
Entwurfsverfasser:	Christa Treml, München
Natursteine:	Biancone
Maße:	
Bodenplatten:	30,5 x 30,5 x 1 cm
Mosaiknetze:	30 x 30 x 1 cm
Oberflächenbearbeitungen:	geschliffen und abschließend antikisiert
Natursteinarbeiten:	Schubert GmbH, Ingolstadt
Kosten/m²:	keine Angaben

Naturstein

Biancone ist ein hellgelber Kalkstein, der in Italien, in der Provinz Veneto gewonnen wird. Er gehört in Italien zu den traditionsreichsten Natursteinen und wurde seit römischer Zeit vor allem auch im Straßen- und Wegebau verwendet.

Alle gerundeten Teile sind mit Biancone-Mosaik von den großflächig geraden Partien abgesetzt.

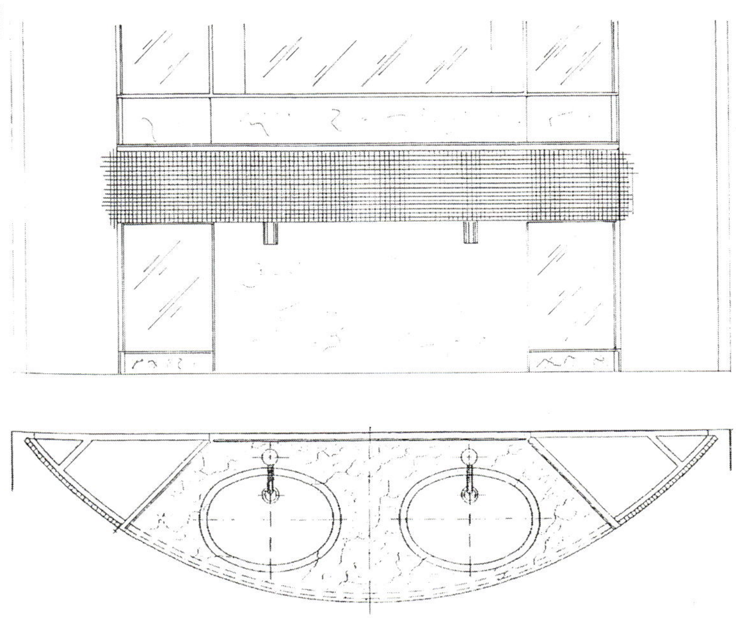

Detailzeichnung

Hightech pur

Raumprogramm

Die Ausstattung dieses nur 4 m^2 großen Badezimmers lebt von der reizvollen Kombination zweier Natursteinmaterialien: Verde Spluga als Wandbekleidung und Duschwände, Verde Ubatuba als Bodenbelag. An der Toilettenrückwand wurde ein Bisazza-Glasmosaik eingefügt. Dieses Badezimmer führt Naturstein als zeitgenössisches, funktionelles Gestaltungsmittel vor. Die gleichermaßen hygienisch-funktionale wie ästhetisch überzeugende, massiv aus einer Platte herausgearbeitete Duschtasse ist dafür ein Beispiel. Hier wird sichtbar, dass handwerkliches Know-how auch in der Formensprache der Moderne gefordert ist.

Ausführung

Der Naturstein wird hier – um einer großzügigen Raumwirkung willen – in großformatigen Platten ohne sichtbare Fugen eingesetzt. Am Boden wurden nur drei Platten inklusive einer, am Boden ebenen, 3 cm starken Duschtasse verlegt. Die raumhohen Duschwände sind einteilig.
Die 2 cm starken Verde-Spluga-Wandplatten sind bis zu 240 cm hoch, zweiseitig mit einer Bruchkante versehen, putzbündig verlegt und poliert.
Die Seitenteile des Spiegelschranks wurden in die Wandverkleidung integriert. Der Waschtisch ist – wie die Duschtasse – aus einer 3 cm starken Ubatuba-Platte herausgearbeitet.

Natursteine

Verde Spluga ist ein hellgrüner, weiß strukturierter Quarzit mit schwach schiefrigem Charakter und einer grobrauen Spaltfläche. Er wird in der Schweiz, im Kanton Graubünden am Splügenpass gewonnen.
Verde Ubatuba ist ein tief dunkelgrüner Granit, dessen Kristalle je nach Beleuchtung leichte Lichtreflexionen zeigen können. Er wird in Brasilien, zwischen São Paulo und Rio de Janeiro, in der Nähe der Ortschaft Ubatuba gewonnen.

Verde Spluga (S. 153)

Verde Ubatuba (S. 152)

Projektdaten

Objekt:	Penthouse-Bad in München
Größe:	4 m^2
Fertigstellung:	1998
Entwurfsverfasser:	Eric Demmer, Der Völkel, München
Natursteine:	Verde Spluga Verde Ubatuba
Maße der Wandbekleidung:	bis 240 x 120 x 2 cm
Oberflächenbearbeitungen:	poliert
Natursteinarbeiten:	Johann Steininger, München
Kosten/m^2:	keine Angaben

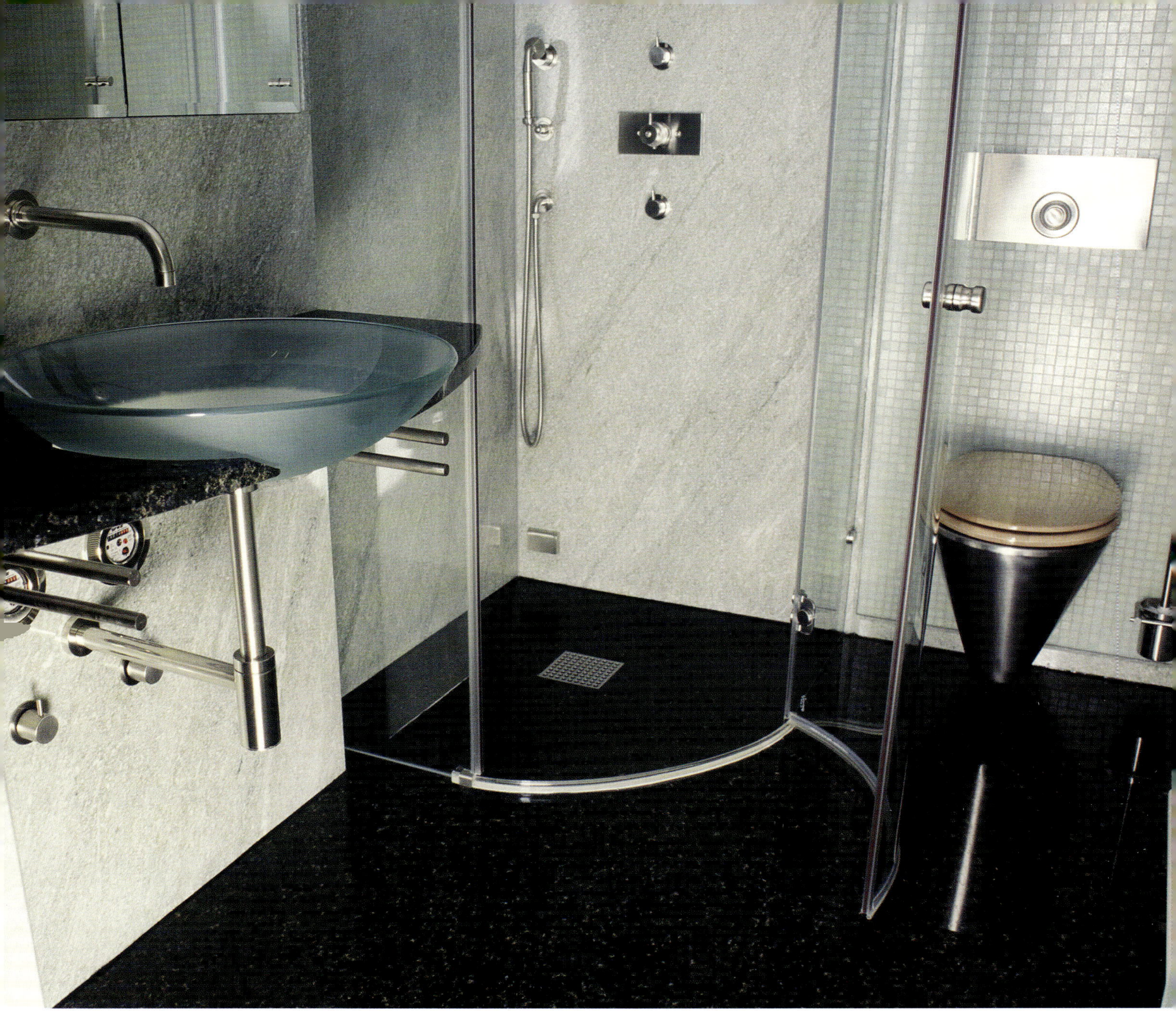

Die Ausstattung dieses Bads lebt von der reizvollen Kombination zweier Natursteinmaterialien: Verde Spluga als Wandbekleidung und Duschwände, Verde Ubatuba als Bodenbelag.

Grauer Granit

Raumprogramm

Dieses großzügige Badezimmer entstand in einer 300 m² großen Penthouse-Wohnung in einem Altstadtbezirk von München. Die Wohnung wurde komplett neu gestaltet. Am Boden der Wohnräume wurde ein Belag aus schwarzem Parkett verlegt. Der Bauherr wünschte eine optische Anpassung der Bad- und WC-Räume an diesen Belag und entschied sich schließlich für einen erst seit kurzer Zeit in Europa erhältlichen schwarzen Granit aus Kanada.

Ausführung

Der Bodenbelag, die Wandbereiche hinter dem Waschtisch sowie die Duschwände wurden mit dem kanadischen Granit Virginia Mist bekleidet. Die Platten sind 180 x 140 cm groß und 2 cm dick. Sie sind an ihrer Oberfläche mit Korn C 220 geschliffen. Auf einem bereits vor einigen Jahren eingebauten Whirlpool wurde eine neue Abdeckung, ebenfalls aus dem Granit Virginia, verlegt. Da nur wenige sichtbare Fugen entstehen sollten, wurden auch hier ungewöhnliche Plattenformate verwendet. Die Abdeckplatten sind 180 x 140 cm groß und 2 cm dick. Hier konnten keine Gehrungsschnitte ausgeführt werden, da der Unterbau, der die Natursteinplatten aufnehmen sollte, nur aus Holz-Spanplatten bestand, und so die Natursteinabdeckung jederzeit reversibel sein muss. Die Wandverkleidung der im Nebenraum installierten Dusche ist 140 x 200 cm groß und 2 cm dick. Die Duschwanne bildet eine, mit einem starken Gefälle in eine Richtung verlegte 100 x 100 cm große und 2 cm dicke, an ihrer Oberfläche geschliffene Natursteinplatte. Die Ablaufrinne aus Edelstahl wurde fast fugenlos in die Natursteinplatte eingelegt.

Auf einem, bereits vor einigen Jahren eingebauten Whirlpool, wurde eine neue Abdeckung aus dem Granit Virginia Mist verlegt.

Die Duschwände aus Glas wurden ohne Nute auf den Naturstein aufgeklebt. Der Waschtisch wurde mit einem auf Gehrung verklebten Becken ausgeführt, in dessen Mitte ein 1 cm schmaler Spalt über die ganze Breite als Ablaufrinne dient. Der spezielle Verschluss aus Edelstahl ist eine Sonderanfertigung.

Der Waschtisch wurde mit einem auf Gehrung verklebten Becken aus Virginia Mist ausgeführt, in dessen Mitte ein 1 cm breiter, verschließbarer Edelstahlablauf eingebaut wurde.

Virginia Mist (S. 154)

Projektdaten

Objekt:	Bad in einer Penthouse-Wohnung in München
Größe:	20 m² + 8 m²
Fertigstellung:	2000
Entwurfsverfasser:	Robert Michel, Der Völkel GmbH, München
Natursteine:	Virginia Mist
Maße:	
Bodenplatten:	140 x 120 x 2 cm
Duschwände:	140 x 200 x 2 cm
Oberflächenbearbeitungen:	fein geschliffen
Natursteinarbeiten:	Johann Steininger, München
Kosten/m²:	€ 2000

Natursteine

Virginia Mist ist ein grauer, teilweise mit weißlichen Adern durchzogener Granit, der in Kanada gewonnen wird.

Die Duschwanne bildet eine, mit einem starken Gefälle in eine Richtung verlegte 100 x 100 cm große und 2 cm dicke, an ihrer Oberfläche geschliffene Natursteinplatte.

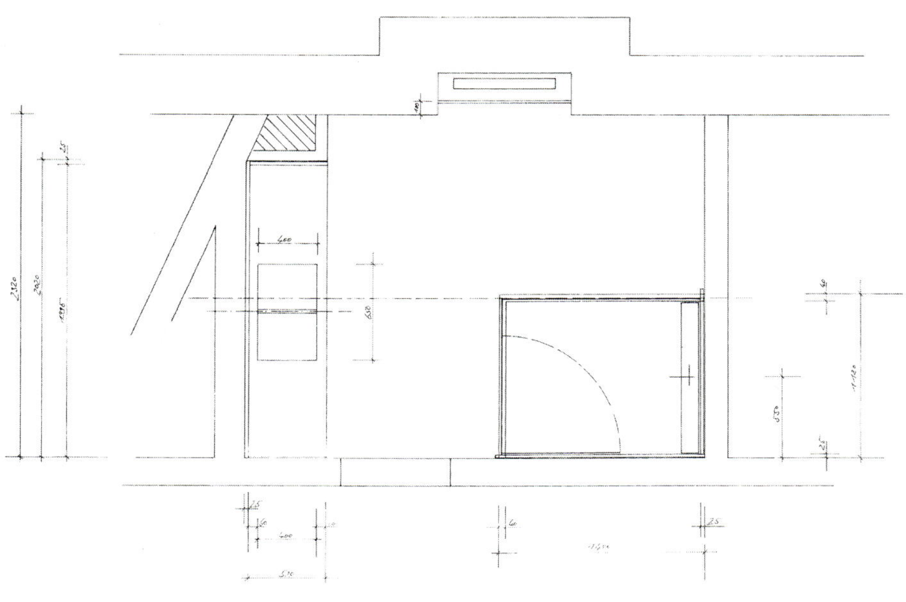

Detailzeichnung

Duschen verbindet

Raumprogramm

Ausgangspunkt für diesen Grundriss war, ein funktionelles Verbindungselement zwischen dem Elternbad und dem Saunabereich zu schaffen. Mit einer sehr großräumigen Dusche, die sowohl für die tägliche Reinigung wie für Saunagänge genutzt wird, wurde eine optimale Lösung gefunden. Sie dient als Bindeglied. Der Duschblock ähnelt ein wenig der Architektur Peter Zumthors in der Therme Vals. Die Dusche selbst ist Funktion pur und wird jedem vollen Duschvergnügen bis hin zur Schwallbrause gerecht.

Ausführung

Das gesamte Bad ist in sehr reduzierter Form gehalten, im Mittelpunkt steht so das Material. Es ist ein grau, leicht grünlicher Maggia-Gneis mit matt geschliffener Oberfläche. Charakteristisch ist, dass die Flächen – sowohl der Naturstein wie auch die Putzflächen – für sich sprechen.
Neben dem aus einem monolithischen Steinblock heraus geschnittenen Waschtisch sind Details wie die aufgeständerten Handtuchhalter oder die Föhnhalterung nützliche Accessoires für den täglichen Gebrauch.
Auf Sockelleisten ist absichtlich verzichtet worden, um horizontale und vertikale Flächen in den Stoßpunkten eindeutig abzugrenzen.
Hier ist eine Architektur entstanden, in der die einzelnen Gebrauchsstücke wie Objekte wirken.

Naturstein

Maggia ist ein dunkelgrauer bis dunkelgrau-weißer, gleichmäßig feinkörniger Gneis mit guten Spalteigenschaften. Er wird im Schweizer Kanton Tessin, nördlich der Stadt Locarno im Maggia-Tal gewonnen.

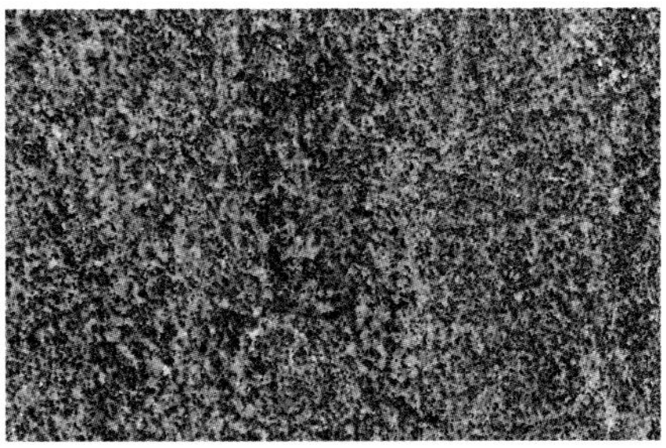

Maggia (S. 154)

Projektdaten

Objekt:	Bad in Kaisheim bei Donauwörth
Größe:	25 m^2
Fertigstellung:	1999
Entwurfsverfasser:	Rudolph Stein & Handwerk, Weiler
Natursteine:	Maggia
Maße am Boden:	30er Bahnen in Überlängen
Oberflächenbearbeitungen:	geschliffen
Natursteinarbeiten:	Rudolph Stein & Handwerk, Weiler
Kosten/m²:	keine Angaben

Eine großräumige Dusche dient sowohl der täglichen Reinigung als auch für Saunagänge.

Aus dem Dampfbad gleich auf die Terrasse

Raumprogramm
In einer etwa 150 m² großen Neubauwohnung in einem exklusiven Münchner Stadtteil entstand dieses Badezimmer, das über einen direkten Ausgang zu der nicht einsehbaren Dachterrasse verfügt. Bestimmendes Raumelement ist eine an zwei Seiten frei stehende Badewanne aus dem Nevobad-Programm Cocoon, die umgebaut und komplett mit dem französischen Kalkstein Lens verkleidet wurde. Die Wände wurden mit einer aufwändigen Putztechnik gestaltet. Auf dem Boden wurde Parkett verlegt. Nur der Nassbereich erhielt einen Bodenbelag aus dem französischen Kalkstein Lens.

Ausführung
Um einen massiven Charakter der Badewanne zu erzielen, wurden die 5 cm starken Natursteinplatten der Wannenverkleidung auf Gehrung gesägt und fast fugenlos aneinander gesetzt. Die Wände der Dusche, die gleichzeitig ein Dampfbad enthält, wurden mit 220 x 120 cm großen und 2 cm dicken Platten aus Kalkstein verkleidet. Die 100 x 100 cm große Duschwanne wurde einteilig, mit einem eingeschliffenen Gefälle aus Kalkstein gestaltet. Am Boden wurden 150 x 150 cm große und ebenfalls 2 cm dicke Platten aus Kalkstein verlegt. Sämtliche Natursteinoberflächen sind mit Korn C 220 fein geschliffen.

Naturstein
Lens ist ein sehr heller, vollkommen gleichmäßiger Kalkstein, der in Frankreich, im Département Gard, etwa 20 Kilometer nördlich von Nizza gewonnen wird.

Um einen massiven Charakter der Badewanne zu erzielen, wurden 2 cm starke Natursteinplatten auf Gehrung gesägt und fast fugenlos aneinander gesetzt.

Lens (S. 146)

Projektdaten

Objekt:	Bad in einer Penthouse-Wohnung in München
Größe:	40 m²
Fertigstellung:	2000
Entwurfsverfasser:	Robert Michel, Der Völkel GmbH; München
Naturstein:	Lens
Maße:	
Bodenplatten:	150 x 150 x 2 cm
Duschwände:	220 x 120 x 2 cm
Oberflächenbearbeitungen:	fein geschliffen
Natursteinarbeiten:	Johann Steininger, München
Kosten/m²:	€ 2000

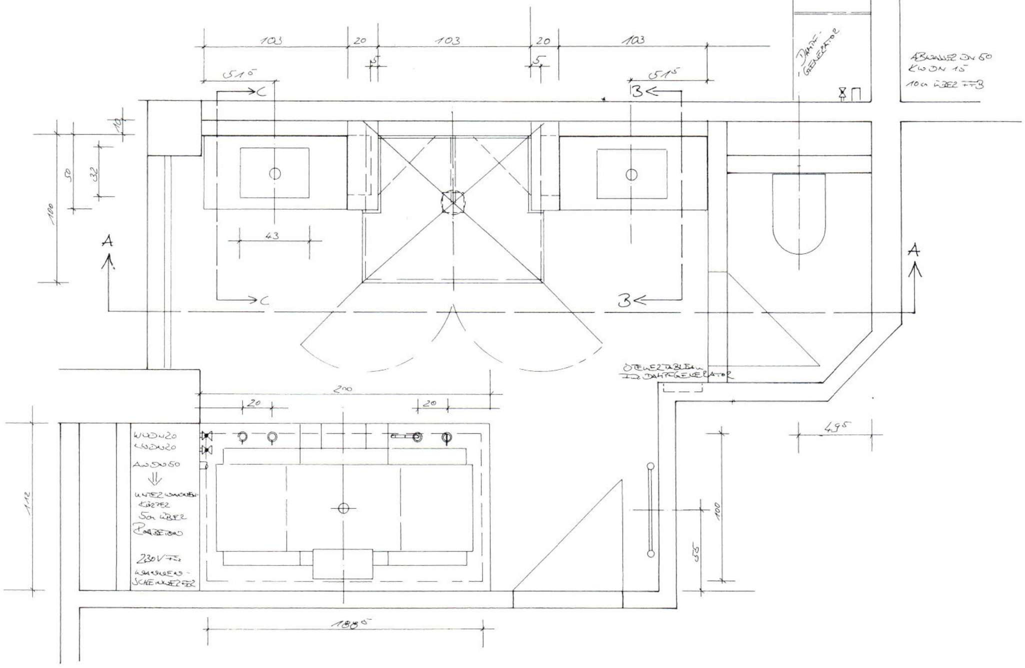

Grundriss

Schwarz-weiß verkleidet

Raumprogramm

In diesem Schwanfelder Badezimmer wird mit den Gegensätzen von Schwarz und Weiß gespielt. Die Badewanne steht an zwei Seiten frei im Raum. Ein Podest aus massivem Naturstein erleichtert den Einstieg. Der abgetreppte Ausschnitt der Badewanne wiederholt sich in vielen Gestaltungsdetails im gesamten Badezimmer. Die auf einem Edelstahlkegel ruhende asymmetrische Waschtischplatte gibt der Rauminszenierung eine eigenwillig-spielerische Note.

Ausführung

Die Badewannenverkleidung wurde, um Massivität vorzutäuschen, auf Gehrung geschnitten.
Die 35 x 35 cm großen, 1 cm starken Bodenfliesen wurden in einem regelmäßigen Verbund verlegt.

Natursteine

Thassos ist ein gleichmäßig feinkörniger, rein weißer Marmor ohne jegliche Schlieren und Adern. Er wird in Griechenland, im Nordosten der Insel Thassos abgebaut.
Nero Assoluto ist ein tiefschwarzer, feinkristalliner, dichter und sehr homogener Gabbro. Er gehört zu den dunkelsten Natursteinen der Welt und wird in Südafrika, in der Provinz Transvaal gewonnen.

Thassos (S. 140)

Nero Assoluto (S. 155)

Projektdaten

Objekt:	Bad in Schwanfeld
Größe:	14 m²
Fertigstellung:	1998
Entwurfsverfasser:	Andrea Hetzelt
Natursteine:	Thassos Nero Assoluto
Maße:	35 cm x 35 cm x 1 cm
Oberflächenbearbeitungen:	poliert
Natursteinarbeiten:	Natursteinwerk Neuhoff, Schwanfeld
Kosten/m²:	€ 1000

Die an zwei Seiten frei stehende Badewanne erhielt eine Verkleidung aus dem Gabbro Nero Assoluto.

Freier Blick nach allen Seiten

Raumprogramm
Ein Badezimmer in einem großzügigen, neu errichteten Einfamilienhaus. Blickfang ist die in der Mitte des Raumes frei stehende Dusche. Vier fast raumhohe, monolithische Säulen aus Azul do Macaubas halten die gebogenen Glasscheiben der großzügigen Kabine. Der symmetrische Waschtisch aus Azul do Macaubas wird durch eine Spiegelwand von dem übrigen Raum abgetrennt.

Ausführung
In dem fast 30 m^2 großen Raum wurde ein Parkettfußboden verlegt, der mit einem 15 cm breiten, 20 cm hohen und 2 cm dicken Fries aus dem griechischen Marmor Thassos eingefasst ist. In der Mitte des Bandes liegt ein schmaler Streifen aus Azul do Macaubas.
Die Toilettenrückwand bildet ein nur grob behauener Block aus Azul do Macaubas. Bis auf die Oberfläche des Bodenbelags in der »Duschschnecke« sind alle Natursteinoberflächen poliert. In der Dusche wurde der Belag nur matt geschliffen.

Blickfang in diesem Badezimmer ist die frei stehende »Duschschnecke«.

Natursteine

Thassos ist ein gleichmäßig feinkörniger, rein weißer Marmor ohne jegliche Schlieren und Adern. Er wird in Griechenland im Nordosten der Insel Thassos abgebaut.
Azul do Macaubas ist ein feinkörniger, äußerst kompakter Quarzit, dessen Farbspektrum von Weißblau bis zu einem satten Azurblau reicht. Er wird in Brasilien, im Bundesstaat Bahia, in der Nähe der Ortschaft Macaubas abgebaut.

Der Bodenbelag der »Duschschnecke« wurde matt geschliffen.

Thassos (S. 140)

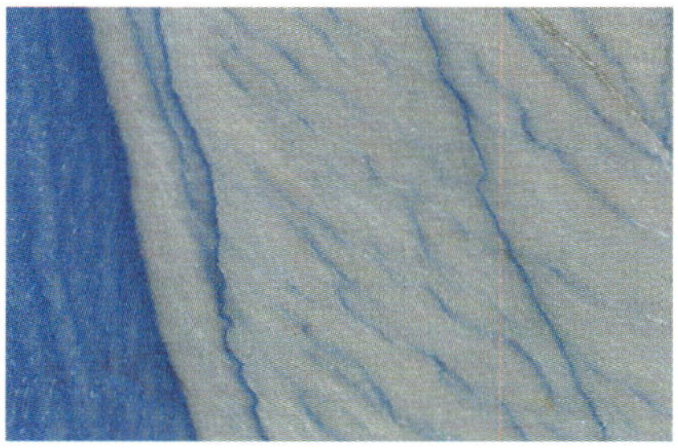

Azul do Macaubas (S. 147)

Projektdaten

Objekt:	Privatbad
Größe:	28 m^2
Fertigstellung:	1998
Entwurfsverfasser:	Dieter Lessmann
Natursteine:	Thassos, Azul do Macaubas
Maße Schnecke:	210 x 130 x 2 cm
Oberflächenbearbeitungen:	poliert
Duschboden:	sandgestrahlt
Natursteinarbeiten:	Natursteinwerk Neuhoff, Schwanfeld
Kosten/m²:	keine Angaben

Die Toilettenrückwand bildet ein nur grob behauener Block aus Azul do Macaubas.

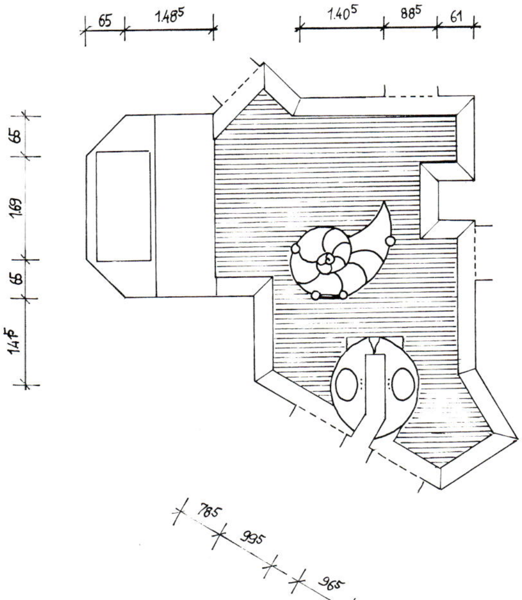

Entwurf

Duschen mitten im Raum

Raumprogramm
In einer Neubauvilla in Weiden in der Oberpfalz wurden neben verschiedenen anderen Räumen auch ein großzügiges Badezimmer eingerichtet. Die Sanitäreinrichtungen, Badewanne, Dusche, Toilette und Waschtischanlage, wurden dabei nicht statisch an den Wänden entlang aufgereiht, sondern »locker« im Raum verteilt.
Der Waschtisch und die Badewanne wenden sich dabei mit einer »Drehbewegung« der Mitte des Raumes zu.

Ausführung
Am Fußboden wurden im Rastermaß 60 x 60 cm große, 2 cm dicke, an ihrer Oberfläche polierte Platten aus den Natursteinen Star Galaxy, Azul Bahia und Nero Assoluto verlegt. Die frei stehende gläserne Duschkabine erhielt eine mit einem eingeschliffenen Gefälle versehene Duschtasse aus 2 cm dicken Platten des brasilianischen Natursteins Azul Bahia.

Die frei stehende, gläserne Duschkabine erhielt eine mit einem eingeschliffenem Gefälle versehene Duschtasse. Sie bildet den Blickfang im Raum.

Natursteine

Azul Bahia ist ein Granit, der durch eingelagerte Sodalith-Kristalle eine tiefblaue Färbung erhielt. Er wird in Brasilien, im Bundesstaat Bahia, etwa 200 Kilometer westlich der Hauptstadt San Salvador abgebaut. Star Galaxy ist ein tiefschwarzer Gabbro, dessen Kristalle bei einem bestimmten Lichteinfall ein bronzeartiges Glitzern erzeugen. Er wird in Indien, in der Provinz Andhra Pradesh, in der Nähe der Ortschaft Angole gewonnen.
Nero Assoluto ist ein tiefschwarzer, feinkristalliner, dichter und sehr homogener Gabbro. Er gehört zu den dunkelsten Natursteinen der Welt und wird in Südafrika, in der Provinz Transvaal gewonnen.

Massive Waschbecken aus Granit

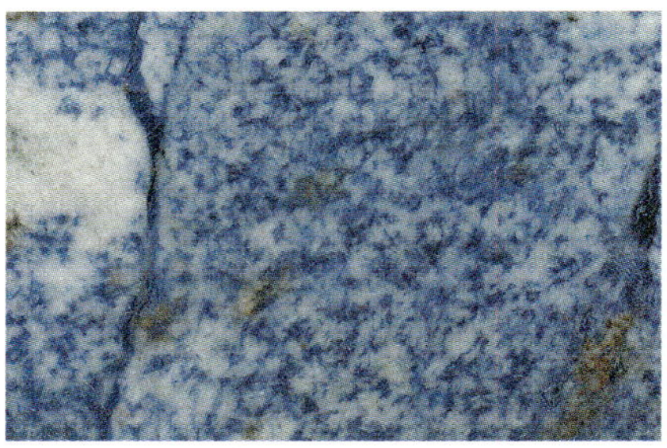

Azul Bahia (S. 148)

Star Galaxy (S. 155)

Nero Assoluto (S. 155)

Projektdaten

Objekt:	Bad in einer Villa in Weiden
Größe:	40 m²
Fertigstellung:	2000
Entwurfsverfasser:	Reinhold Baumann, Röttingen
Natursteine:	Star Galaxy, Azul Bahia, Nero Assoluto
Maße:	60 x 60 x 2 cm
Oberflächenbearbeitungen:	poliert
Natursteinarbeiten:	Alfons Baumann, GmbH, Röttingen
Kosten/m²:	€ 2500

Detail der gläsernen Duschkabine

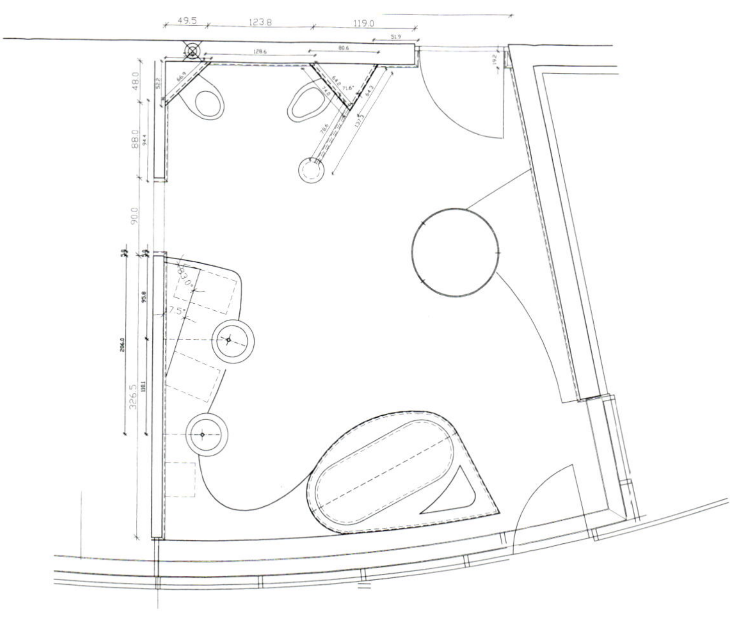

Grundriss

Wie aus einem Stück

Raumprogramm

In einem in den 80er Jahren in Inning am Ammersee entstandenen Reiheneckhaus für eine Familie mit zwei Kindern wurde der Dachstuhl des Hauses komplett umgebaut. Nachdem der Einbau von Gauben nicht möglich war, wurde ein im 45-Grad-Winkel gedrehtes Querhaus eingebaut. In dem neuen, fast 40 m² großen Raum wurde eine frei stehende Badewanne, eine Dusche mit Dampfbad, ein Waschbecken, ein WC und das Schlafzimmer der Eltern eingebaut. Als Bodenbelag erhielt der Raum Dielen aus amerikanischen Nussbaumholz, nur im Nassbereich wurde Naturstein verlegt.

Ausführung

Sämtliche Natursteinarbeiten in diesem Raum wurden mit dem französischen Kalkstein Chauvigny ausgeführt. Der an seiner Oberfläche leicht porige Kalkstein wurde fein geschliffen. Auffällig ist die mit massiven, bis zu 8 cm starken Bogenstücken verkleidete Badewanne. Die geschwungene Abdeckung wurde aus vier Teilen gearbeitet. Die 170 x 150 x 3 cm große Duschtasse wurde mit eingearbeitetem Gefälle einteilig ausgeführt. Die Wandplatten im Duschbereich sowie die Bodenplatten im Nassbereich sind jeweils 100 x 40 cm groß und 2 cm dick. Ungewöhnlich ist auch das aus einem Werkstück herausgearbeitete WC, das innen einen Edelstahleinsatz erhielt.

Naturstein

Chauvigny ist ein hellgelber, sehr gleichmäßig unifarbener Kalkstein. Er wird in Frankreich, im Département Vienne, etwa 20 Kilometer östlich der Stadt Poitiers gewonnen.

Chauvigny (S. 143)

Projektdaten

Objekt:	Bad in einem Reiheneckhaus in Inning am Ammersee
Größe:	39 m² inkl. Schlafzimmer
Fertigstellung:	2000
Entwurfsverfasser:	Sabine und Markus Steininger, München
Natursteine:	Chauvigny
Maße:	
Wandplatten:	100 x 40 x 2 cm
Bodenplatten:	100 x 40 x 2 cm
Duschtasse:	170 x 150 x 3 cm
Oberflächenbearbeitungen:	fein geschliffen
Natursteinarbeiten:	Johann Steininger, München
Kosten/m²:	€ 3000

Auffällig ist die massive, mit bis zu 8 cm starken Bogenstücken verkleidete Badewanne.

Wellness mit Dampfbad und Sauna

Raumprogramm
Das Badezimmer befindet sich im ersten Obergeschoss eines Wohn- und Geschäftshauses in Darmstadt. Im Untergeschoss ist eine öffentlich zugängliche Galerie für zeitgenössische Kunst untergebracht. Der gesamte Badebereich in der über 200 m² großen Wohnung ist etwa 75 m² groß. Neben einem 60 m² großen Whirlpool und Dampfbadbereich befindet sich in der gleichen Raumeinheit noch ein etwa 15 m² großes Gästebad und ein WC.

Ausführung
Der Bodenbelag und die etwa 1,20 m hohe Verkleidung der Wand wurde mit dem Marmor Pinta Verde ausgeführt. In der großformatigen Duschtasse wurde ein Mosaik aus Marmorbruchstücken und grünen Einlegern aus quarzgebundenem Kunststein verlegt. Im Whirlpool-Bereich wurde die Wandverkleidung komplett in Pinta Verde abgewickelt, der Boden in einem Mosaik aus Marmorbruchstücken und Einlegern aus Kunststein. Die gesamte Whirlpool-Abdeckung wurde in Lasa Bianco Classico ausgeführt. Hier wurden einzelne Stücke mit Profilen versehen, auf Gehrung geschnitten und vor Ort angepasst und eingeklebt.
Das Dampfbad wurde komplett in Lasa Bianco Classico mit einer einteiligen Duschtasse in 4 cm Stärke hergestellt. Die Platten haben ein leichten Gefälle hin zum zentralen Mittelpunkt. Die Sitzbänke wurden in Pinta Verde ausgeführt.
Alle Materialoberflächen sind poliert. Bei den Mosaikarbeiten wurde jedes einzelne Teil von Hand eingeklebt, nachträglich eingeschliffen und poliert. Die Fugen wurden mit einer Epoxydharz-Mischungen verfüllt.

Die Verkleidung der Badewanne wurde mit auf Gehrung verklebten Platten aus dem Marmor Pinta Verde vorgenommen.

Naturstein

Pinta Verde ist ein weiß-grüner, oft auch mintfarbener, sehr feinstrukturierter Marmor, der von teilweisen kräftig grünen Schlieren durchzogen wird. Er wird in Panama gewonnen.
Lasa Bianco Classico ist ein feinkristalliner, homogener, rein weißer Marmor ohne Wolkungen oder Adern. Er wird in Italien, in Südtirol in der Nähe der Ortschaft Laas im Etschtal gewonnen.

Waschtischabdeckung aus Pinta Verde

Pinta Verde (S. 142)

Projektdaten

Objekt:	Privatbad in Darmstadt
Größe:	75 m²
Fertigstellung:	2000
Entwurfsverfasser:	Werner Faust
Mosaikarbeiten:	Susan Borg
Natursteine:	Pinta Verde Lasa Bianco Classico
Maße:	großformatig
Oberflächenbearbeitungen:	poliert
Natursteinarbeiten:	Marmor Ströhmann, Hofheim-Wallau
Kosten/m²:	keine Angaben

Der Duschbereich mit einem Mosaik aus Lasa Bianco Classico und Kunststein

Objekte fürs Bad

Es muss nicht immer ein ganzes Bad aus Naturstein sein. Es gibt eine Vielzahl von Einrichtungsgegenständen wie Badewannen, Handwasch- oder Toilettenbecken, die nicht fest und unverrückbar eingebaut werden müssen. Es gibt sie in vielen Formen, Farben und Natursteinen. Sie machen ein Bad wohnlich, bieten Stauraum und sorgen für Ordnung. Wegen der hohen Temperatur- und Luftfeuchtigkeitsschwankungen im Badezimmer müssen diese Einrichtungsgegenstände jedoch höchsten Qualitätsanforderungen standhalten.

Natursteine: Gewinnung, Verlegung, Beispiele

Naturstein nimmt unter allen Baustoffen eine herausragende Stellung ein. Stein ist ein uralter Werkstoff, dessen Ressourcen praktisch unerschöpflich sind. Natursteine sind Unikate. Es gibt kaum einen Baustoff, der so viele Farben und Strukturen aufweist. Diese große Vielfalt wird durch verschiedene Oberflächenbearbeitungen nahezu unbegrenzt. Auch die technischen Eigenschaften von Naturstein wie Abriebfestigkeit, Säure- und Laugenunempfindlichkeit, Kratzfestigkeit, Verschleißfreiheit und Frostbeständigkeit überzeugen. Naturstein braucht keinen Vergleich mit anderen Baustoffen zu scheuen.

Gewinnung und Verlegung von Natursteinen

Natursteine entdecken

Umweltbewusstes Bauen ist in heute aller Munde. Die richtige Ökobilanz ist auch beim Planen eines Badezimmers wichtig. Naturstein findet sich als Baustoff in nahezu fertiger Form in der Natur, ist ein im Laufe von Jahrmillionen gewachsenes Material. Für seine eigentliche Herstellung bedarf es keiner Energie. Lediglich bei der Gewinnung und Bearbeitung wird Energie verbraucht; der Anteil ist jedoch im Vergleich mit anderen Baustoffen gering. Der Abbau erfolgt meist in relativ kleinen Steinbrüchen ohne große Sprengungen. Falls das nutzbare Vorkommen erschöpft ist, kann sich eine weitere Nutzung des Steinbruchs in vielfältiger Form anschließen. Es gibt Zeugnisse für die Nutzung ehemaliger Steinbrüche als Freizeitgelände und als Seen; daneben ist eine komplette Rekultivierung und Rückführung des Geländes an die Land- und Forstwirtschaft möglich. Der Abraum hält sich bei den Werksteinvorkommen in Grenzen. Verfüllungen und Rekultivierungen sind selbstverständlich. Die beim Abbau und der Verarbeitung anfallenden Reste sind natürliches Gestein und können wirtschaftlich genutzt werden. Alte Bauteile aus Naturstein werden nach dem Abriss eines Bauwerks häufig erneut bearbeitet und verwendet. Sie können daneben ohne Belastung der Umwelt in Steinbrüchen, das heißt an den Orten ihrer Herkunft deponiert werden. Im gesamten Kreislauf der Naturwerkstein-Gewinnung, -Bearbeitung und -Rückführung an die Natur geht nichts verloren.

Natursteine gewinnen

Der größte Teil der Erdkruste besteht aus verschiedenen Gesteinen, von denen aber nur ein geringer Teil als Naturwerkstein brauchbar ist. Das liegt daran, dass sowohl optische und ästhetische als auch technische Gründe einschränkend wirken. Zum einen muss das Gestein ansprechend sein; zum anderen sollen möglichst quaderförmige Blöcke von mehreren Kubikmetern Rauminhalt und bestimmten Abmessungen von einem unverwitterten, festen, rissfreien und beständigen Gestein gewonnen werden können. Allein diese Forderungen reduzieren die verwertbaren Gesteinspartien schon auf

Der Abraum hält sich bei den Werksteinvorkommen in Grenzen. Verfüllung und Rekultivierung sind selbstverständlich.

einen geringen Teil. Naturstein war in der Vergangenheit und ist auch heute ein Baustoff der kurzen Wege. Die lokalen Steinvorkommen ermöglichten kurze Transportwege und damit einen nur geringen Transportaufwand. Daneben bestimmen Standortfaktoren, die für jeden Steinbruch gelten, seine Rentabilität: Geologische Verhältnisse, herrschender Bedarf, Modeströmungen, Infrastruktur und natürlich die klimatischen Bedingungen. So kann, trotz der schier unerschöpflichen Vielfalt der Natursteinvorkommen in aller Welt, die ökologische Belastung durch Transporte als gering eingestuft werden. Naturstein ist ein Baumaterial mit geringem Gehalt an »grauer Energie« (i.e. nicht unmittelbar zur Produktion benötigte Energie) – eine Voraussetzung für seine Nachhaltigkeit. Eine der wichtigsten aktuellen Umweltentscheidungen ist aber auch, alte Ressourcen, das heißt bereits vorhandene Brüche zu nutzen. EarthCare ist eine weitere umweltschonende Maßnahme. Dies bedeutet, dass in Zukunft bei jeder Bauaufgabe so gehandelt wird, als würde sie den ganzen Planeten betreffen. Naturstein in den Ländern der Dritten Welt zu gewinnen, macht unter diesem Aspekt betrachtet Sinn, wenn dies ein Beitrag zur Schaffung von Arbeitsplätzen und zur entwicklungspolitischen Wertschöpfung ist. *Act locally, think globally* – dies lässt sich gerade am Baustoff Naturstein sehr gut demonstrieren. Ein Steinbruch erfordert auch heute noch viel Geduld. Gedacht wird in Generationen. Wichtig sind die Menschen – die Menschen, die mit den Steinen arbeiten. Ein frisch eröffneter Steinbruch bringt eingefahrene Abhängigkeitsketten, Regelmechanismen, Stoffkreisläufe und Energieumsätze in Gang. Dies hat man in der Natursteinbranche schon vor Jahren erkannt. Daher wird ein Steinbruch heute gleichermaßen ökologisch und strategisch erschlossen. Keine großen Löcher, keine großen Halden, bereits in den Abbau integrierte Rekultivierungsmaßnahmen, kaum Lärm und so wenig Lkw-Verkehr wie möglich – das sind heute die selbstverständlichen Forderungen. Abraum gibt es kaum, Abfall wenig. Was nicht zur Werksteinproduktion taugt, findet in der Garten- und Landschaftsgestaltung Verwendung. Zeitgenössische Steinbrucharbeit folgt einem ganzheitlichen Konzept: Werksteinbrüche sind nur dort ökonomisch und ökologisch interessant, wo es über den nutzbaren Lagen kaum Abraum gibt, wo alles, was in einem Steinbruch abgebaut wird, vor Ort weiterverarbeitet, nutzbar gemacht wird oder wenigstens als Füllmasse dient. Optische »Reize« der gewachsenen Landschaft werden durch die geschickte Integration des Bruchs in die örtliche Topographie vermieden. Die Lärmbelästigung wird – dank moderner Bruchtechnik – auf das leise Surren von Elektromotoren reduziert. Sprengungen sind in den meisten Werksteinbrüchen nicht mehr üblich. Die Unternehmen müssen heute eine Vielzahl von Auflagen erfüllen und werden ständig durch staatliche Aufsichtsbehörden überwacht. Schon vor der Neueröffnung oder Erweiterung eines Natursteinbruchs müssen die Betriebe im Rahmen der gesetzlichen Genehmigungsverfahren die Wiedereingliederung des Steinbruchs in die Landschaft durch eine verbindliche Rekultivierungsplanung gewährleisten.

Die Gewinnung soll in quaderförmigen Blöcken von mehreren Kubikmetern Rauminhalt und bestimmten Abmessungen erfolgen.

Natursteine erkennen

Bei der Beurteilung eines Natursteins stellt sich zuerst die Frage, wo er eingesetzt werden soll: Dabei sind neben der Optik vor allem die technischen Eigenschaften, die durch die Produktionskapazität bedingte Verfügbarkeit und die Gleichmäßigkeit des Materials

von großer Bedeutung. Die Verwendung von Natursteinen im Badezimmer ist mittlerweile kein Luxus mehr. Durch eine wirtschaftliche Gewinnung und Bearbeitung der Rohmaterialien sowie eine weitgehend industrielle Produktion werden heute Halbfertig- und Fertigprodukte aus Naturstein angeboten, die für breite Bevölkerungsschichten bezahlbar sind. Eine generelle Aussage, welche Gesteinsart für ein Badezimmer tauglich ist, kann nicht gegeben werden. Die Vielzahl der angebotenen Steine und Oberflächen ist mittlerweile auch für Fachleute eher undurchsichtig geworden. Naturstein ist ein nicht zu normendes Naturprodukt. Die Oberflächen können in Farbe und Struktur stark variieren und so ist bei der Bemusterung größte Sorgfalt geboten. Jede Bauaufgabe kann heute mit Naturstein gelöst werden. Doch nicht jeder Naturstein eignet sich für jede Bauaufgabe; das gilt für das Badezimmer und jeden anderen Raum des Hauses.
Die gebräuchlichsten Natursteine lassen sich unter Berücksichtigung ihrer Entstehung und ihrer technischen Eigenschaften in vier Hauptgesteinsarten – Plutonite, Metamorphite, Sedimentgesteine und Vulkanite – gliedern.

Plutonite

Große Magmakomplexe bilden nach ihrer Erstarrung in der Erdkruste unregelmäßige Gesteinskörper, so genannte Plutone – nach Pluto, dem griechischen Gott der Unterwelt. Die sie aufbauenden Gesteine nennt man Plutonite oder Tiefengesteine.

Granite

Die häufigsten und bekanntesten Tiefengesteine sind die Granite mit den Untergruppen Syenit, Tonalit, Diorit, Monzonit, Charnokit und Foidgestein. Sie treten als fein- bis grobkörnige, massige Gesteine in den unterschiedlichsten Farben und Strukturen auf.

Ein Steinbruch unterliegt umwelterhaltenden Vorschriften. Bereits beim Abbau müssen integrierte rekultivierende Maßnahmen ergriffen werden.

Gabbros

Gabbros sind nach dem Dorf Gabbro in der Toskana benannt. Es sind dunkle bis ganz schwarze Plutonik mit einem klein- bis grobkörnigen Gefüge ohne deutliche Struktur.
Eine Sondergruppe der Gabbros sind die Anorthositen; feldspatreiche Gabbros mit einem intensiven Blauschimmer. Je nach Blickrichtung können hier alle Spektralfarben beobachtet werden. Dieser optische Reiz verhalf den Anorthositen zu einer hohen Beliebtheit im Badezimmer.

Metamorphite

Metamorphite sind unter Druck, Temperatur und chemischen oder strukturellen Milieuänderungen in einer Tiefe von 2 bis 45 Kilometern erstarrte Umwandlungsgesteine. Der chemische Bestand der Ausgangsgesteine bleibt dabei weitgehend unverändert.

Marmore

Marmore sind metamorphe Gesteine mit mehr als 50 Volumenprozent Calcit oder Dolomit. In der Natursteinbranche werden daneben alle polierfähigen Kalk- oder Dolomitsteine als Marmor bezeichnet, auch wenn sie nicht metamorph sind. Die »echten« Marmore sind Umwandlungsprodukte von Kalksteinen und Dolomitsteinen. Der Kalk rekristallisiert zu meist größeren, weißlichen Calcitkristallen in einem Korndurchmesser von Hundertsteln Millimetern bis zu einigen Zentimetern, die eng verwachsen sind. Als pigmentierende Minerale wirken in Marmoren häufig Eisenhydroxide (gelb bis braun), Hämatit (rot), Chlorit und Serpentinminerale (grünlich in verschiedenen Tönungen), Graphit, kohlige Substanzen oder Bitumen (verschiedene Grautöne bis Schwarz). Die große Mannigfaltigkeit der Marmorvorkommen ist durch die sehr variable Verteilung der färbenden Minerale und durch andere Texturbesonderheiten bedingt.

Gneise

In der Natursteinbranche werden die meisten Gneise fälschlicherweise als Granite bezeichnet. Gneise sind ebenfalls metamorphe Gesteine mit wesentlichen Anteilen an Feldspat und Quarz. Die Feldspäte bestimmen als Hauptkomponente die Gesamtfarbe des Gesteins, der Quarzgehalt ist für die Härte und Abreibfestigkeit verantwortlich. Das Gefüge der Gneise zeigt typische, durch Metamorphoseprozesse erzeugte Strukturen und Texturen. Je nach Entstehungsweise aus verschiedenen Ausgangsgesteinen unterscheidet man Paragneise und Orthogneise. Paragneise entstanden durch Metamorphose aus Sedimentgesteinen wie Sandstein, Tonschiefer, Grauwacke oder Arkose. Unterliegen granitische Ausgangsgesteine der Metamorphose, so entstehen Orthogneise.

Quarzite

Quarzite sind metamorphe Gesteine mit Quarz als weitaus überwiegendem Mineral. Sie entstanden durch die Rekristallisation ehemaliger Sandsteine. Ihre Hauptmerkmale sind sehr stark verzahnte und teilweise miteinander verschmolzene, durch Druck oft geplättete Quarzkristalle mittlerer Korngröße und eine sehr hohe Festigkeit. Daher werden die meisten Quarzitarten spaltrau als rutschfeste Bodenbeläge innen und außen verwendet.

Der Transport vom Steinbruch erfolgt auf Lkws. Die Verwendung lokaler Steinvorkommen ermöglicht kurze Wege und verringert so den Transportaufwand.

Serpentinite

Serpentinite bestehen vorwiegend aus Serpentinmineralen. Sie entstanden durch die Umwandlung ultrabasischer und basischer Intrusivgesteine. In fast allen Serpentiniten sind mehrere Stufen der Umwandlung zu beobachten, weshalb eine geaderte, streifige und wolkig-fleckige Textur entsteht, die an Marmor erinnert. Das Farbspektrum reicht von Schwarzgrün mit allen Übergängen bis zu Hellgelb.

Sedimentgesteine

Sedimentgesteine entstehen durch Verwitterung, Transport, Ablagerung und Verfestigung von sehr viel älteren Natursteinen. Diese Verwitterungsprodukte können Gesteinen aller Arten entstammen und werden durch den Transport mit Wasser oder Wind bis auf Sandkorngröße zerkleinert. Wie fast alle geologischen Vorgänge dauern auch diese Verwitterungsprozesse über einen sehr langen Zeitraum an. Die Verfestigungsprozesse werden in physikalische, chemische und biologische Prozesse gegliedert.

Kalksteine

Kalksteine sind Sedimentgesteine, die vorwiegend oder ausschließlich aus Calcit bestehen. Viele, vor allem bunt gefärbte, polierfähige Kalksteine werden im Natursteinhandel fälschlicherweise als Marmor bezeichnet, obwohl sich die beiden Gesteinstypen deutlich in ihrer Kristallstruktur unterscheiden.

Sandsteine

Über 75 Prozent der Erdoberfläche besteht aus Sandsteinen. Auch in Deutschland ist Sandstein der am häufigsten abgebaute Naturstein. Sandsteine bestehen in ihrem Mineralgehalt vorwiegend aus Quarz und Feldspäten, hinzu kommen als Nebengemengteile Glimmer und verschiedene andere Silikate, Kalk, Glaukonit, Chlorit sowie als Akzessorien diverse Erzminerale. Sandsteine entstehen durch Transport, Ablagerung und Verfestigung von Verwitterungsprodukten. Sandsteine besitzen schöne warme Farben und variantenreiche, interessante Strukturen.

Travertine

In feuchten Gebieten, besonders in den europäischen Mittelmeerländern, finden sich an Quellen und gelegentlich auch in Bächen und Seen als Travertin bezeichnete Süßwasserkalke. Travertine sind mehr oder weniger porös und variieren farblich von Beige bis Bräunlich. Sie bestehen aus Calcit, das aus kalkhaltigen Wässern ausgeschieden wird.

Onyx

In der Natursteinindustrie wird fälschlicherweise eine besondere Form von Kalkgestein als Onyx bezeichnet. Es handelt sich um Sinterkalk. Dieser Onyx-Marmor entsteht wie Travertin an Süßwasserquellen, manchmal auch gleichzeitig neben Travertin. Onyx-Marmor ist in dünnen Platten durchscheinend und kommt meist nur in sehr kleinen Lagerstätten vor.

Schiefer

Schiefer ist im weitesten Sinn eine Sammelbezeichnung für verfestigte, feinstkörnige Gesteine mit deutlichen flächenhaften oder linearen Paralleltexturen. Als gesteinsbildende Minerale treten hauptsächlich Silikate – Tonminerale und Glimmer, Karbonate und Oxide – auf. Tonschiefer haben im Gegensatz zu kristallinen, also metamorphen Schiefern hohen Druck und hohe Temperaturen erfahren, sodass der ursprüngliche Mineralbestand des Ausgangssediments weitgehend unverändert vorkommt.

Bei der Beurteilung eines Natursteins stellt sich zuerst die Frage, wo er eingesetzt werden soll: Dabei sind neben der Optik vor allem die technischen Eigenschaften, die durch die Produktionskapazität bedingte Verfügbarkeit und die Gleichmäßigkeit des Materials von großer Bedeutung.

Steinbruch bei Carrara, Italien

Konglomerat und Brekzie

Ein Sediment, welches zu über 50 Prozent aus Geröllen, also rundlichen Mineral- oder Gesteinsbruchstücken von mehr als 2 mm Durchmesser besteht, wird als Kies oder Schotter bezeichnet (in verfestigtem Zustand als Konglomerat). Sind die Komponenten eckig, so heißt das Sediment Schutt, das verfestigte Gestein Brekzie. Qualitativ unterscheidet man aus wenigen und aus vielen Gesteinsarten zusammengesetzte Konglomerate und Brekzien.

Vulkanite

Vulkanite sind durch Ausfließen oder Auswerfen von Magma an die Erdoberfläche erstarrte Ergussgesteine.

Rhyolithe

Rhyolithe, auch Porphyr oder Quarzporphyr genannt, sind die vulkanischen Äquivalente der Granite. Rhyolithe sind gelbliche, rötliche, graue, selten graugrüne, dichte und in oberen Lagen auch poröse Gesteine.

Trachyte

Trachyte sind die vulkanischen Äquivalente der Syenite. Es handelt sich um dichte, zuweilen auch porige oder tuffige Gesteine. Trachyte sind helle Gesteine, ihr Farbspektrum reicht von Gelblich, Grau über Rötlich bis Hellbraun.

Diabase

Diabase sind erdgeschichtlich alte Basalte aus dem Devon und Karbon, die durch chemische Verwitterung vergrünt sind. Ursprüngliche Pyroxene und Amphibole wurden serpentinisiert oder chloritisiert und nahmen eine dunkelgrüne Färbung an, während die ehemals farblosen Feldspäte Grautöne annahmen. So entstanden graugrüne bis schwarzgrüne Gesteine.

Basalte

Basalte, das Vulkanitäquivalent zu den Tiefengesteinen Gabbro und Norit, sind dunkle, meist schwarze, blauschwarze, seltener graue Gesteine von dichter, poriger oder tuffartiger Beschaffenheit.

Alles, was in einem Steinbruch abgebaut wird, sollte vor Ort weiterverarbeitet, nutzbar gemacht werden oder zumindest als Füllmasse dienen.

Naturstein verlegen

Die wichtigste Regel bei der Verlegung von Naturstein ist die Vermeidung von Feuchtigkeit. Fast alle Mängel an Natursteinbelägen werden durch Feuchtigkeit verursacht. Die Gründe hierfür sind vielfältig: Verfärbungen im Naturstein werden durch Umwandlung von Mineralien im Stein, durch die Aufnahme von schädlichen Stoffen in den Kapillaren der Natursteine oder durch das Anlösen von Gesteinsbestandteilen in den Natursteinen selbst verursacht. Ohne Feuchtigkeit ist dies alles nicht möglich. Verfärbungsempfindliche Gesteine sind vor allem jene Natursteine, bei denen aufgrund der hohen Alkalität des zementären Verlegemörtels chemische Reaktionen auftreten können, die das Aussehen der Steine verändern. Schon allein die kapillare Aufnahme von Feuchtigkeit aus dem Verlegemörtel und darin gelöster Stoffe kann zu Farbänderungen dieser Steine führen. Der beste und teuerste Verlegemörtel ist untauglich, wenn der Wasseranteil zu hoch ist. Für die Auswahl des richtigen Mörtels müssen immer die Randbedingungen der Bauaufgabe berücksichtigt werden: Der Untergrund muss trocken, sauber und tragfähig sein. Haftungsstörende Schichten müssen mechanisch entfernt werden. Im Untergrund müssen ausreichende Bewegungsfugen vorhanden sein. Hierbei sind auch die oftmals sehr unterschiedlichen Wärmeausdehnungen der Estriche und Natursteinbeläge zu berücksichtigen.

Natursteine im »dicken« Mörtelbett

Die heute meist übliche Verlegung von Natursteinbelägen erfolgt in einem Mörtelbett mit 10 bis 30 mm Dicke: dem Dickbett. Hierdurch können Unebenheiten im Untergrund und die Dickentoleranzen der Naturwerksteine bei der Verlegung ausgeglichen werden. Bei sehr dichten Natursteinen ist eine zusätzliche Haftbrücke zwischen Verlegemörtel und Naturstein empfehlenswert. Die Kunst bei der Verlegung im Mörtelbett liegt darin, den Mörtel so trocken anzumischen, dass noch eine vernünftige Verdichtung und Festigkeit des Mörtels erzielt wird, aber schädliches Überschusswasser jedoch so weit wie möglich vermieden wird.

Natursteine im »dünnen« Mörtelbett

Eine Verlegung im nur wenige Millimeter starken Dünnbett ist mit kalibrierten Natursteinfliesen möglich. Diese werden bei der Herstellung so weit geschliffen, bis deren maximale Dickentoleranz 0,5 mm beträgt. Hier ist auf eine besondere Ebenheit des Verlegeuntergrunds zu achten, da ein Ausgleich von Unebenheiten mit dem Verlegemörtel nur schwer möglich ist. Aufgrund dieser Problematik hat sich die Verlegung im Mittelbett entwickelt. Bei diesen Verlegemörteln handelt es sich oftmals um modifizierte Dünnbettmörtel, die in einer Dicke von 10 bis 25 mm aufgetragen werden können, ohne dass der verlegte Naturstein darin versinkt. Hiermit ist ein begrenzter Toleranzausgleich möglich. Einen für alle Anwendungen geeigneten Mörtel gibt es nicht. Es gibt jedoch für alle Anwendungen geeignete Mörtel. Bei zementgebundenen Untergründen ist die Verlegung im Dickbett im Hinblick auf die Maßtoleranzen der Naturwerksteine oft vorzuziehen. Bei schwierigen Untergründen und problematischen Natursteinen ist ein Dünn- oder Mittelbettmörtel meist besser geeignet.

Die Mindestanforderungen an den Verlegemörtel lauten: Er muss tragfähig sein und die Belastungen der Natursteinplatten an den tragenden Untergrund sicher weiterleiten. Er muss einen ausreichenden Haftverbund zur Platte und zum tragenden Untergrund aufweisen, er darf keine Verfärbungen im Naturstein verursachen und er darf infolge von Eigenspannungen keine Risse im Naturstein verursachen.

Optische »Reize« der gewachsenen Landschaft werden durch die geschickte Integration des Bruchs in die örtliche Topographie vermieden. Die Unternehmen müssen heute eine Vielzahl von Auflagen erfüllen und werden ständig durch staatliche Aufsichtsbehörden überwacht.

Natursteine reinigen und pflegen

Naturstein verleiht jedem Badezimmer eine unverwechselbare Struktur und – bei entsprechender

Gestaltungskraft – einen bestimmten Charakter. Haltbarkeit und lange technische Lebensdauer sind Schlüsselbegriffe für die Nachhaltigkeit des Bauens mit Naturstein: Badezimmer aus Naturstein müssen auch bei einer generationenlangen Nutzung von ca. 30 Jahren nicht erneuert werden und machen störende und kostenintensive Umbauarbeiten, die kürzer lebige Alternativen fordern, überflüssig. Die Verwendung von Naturstein führt so – trotz manchmal höherer Investitionskosten – zu niedrigeren und häufig zu den niedrigsten Lebenszykluskosten.

Natursteinbeläge im Badezimmer sollten eher dicht und damit leicht zu reinigen sein. Stein ist ein Naturprodukt, kein uniformes Industrieprodukt. Die Verschmutzungsempfindlichkeit wird wesentlich von der Oberflächenbeschaffenheit (poliert, geschliffen, gestrahlte Oberflächenbearbeitung) und der Porigkeit des Naturwerksteins beeinflusst. Viele Verschmutzungen der Steinoberflächen können durch vorbeugende Maßnahmen verhindert werden, die schon bei der Planung berücksichtigt werden sollten. Natursteine sollten grundsätzlich nicht mit aggressiven Reinigungsmitteln behandelt werden. Wenn möglich sollten Natursteine nur mit reinem Wasser gereinigt werden. Der Wasserauftrag und die Dosierung von Reinigungs- und Pflegemitteln ist auf das Notwendigste zu reduzieren.

Starke Verschmutzungen sollten kleinflächig mit Bürsten und einem pH-neutralen Reinigungsmittel entfernt werden. Säurehaltige Produkte mit einem pH-Wert von 1 bis 7 werden verwendet, um anorganische Verschmutzungen wie Zementschleier, Mörtelreste, Kalkablagerungen, Ausblühungen und

Ein Steinbruch erfordert auch heute noch viel Geduld. Man denkt in Generationen.

Rost zu lösen und zu entfernen. Sie sind unwirksam bei Ölen, Fetten, Wachsen oder Versiegelungen. Laugenhaltige Produkte mit einem pH-Wert von 7 bis 14 lösen und entfernen organische Verschmutzungen wie pflanzliche Öle, Fette, Pflegefilme oder leichte Wachsfilme. Sie werden häufig zum Entfernen allgemeiner Verschmutzungen verwendet. Diese Mittel sind unwirksam bei Zementschleier, Kalk oder Rost.

Natürlich stellt die chemische Industrie daneben eine Vielzahl von Mitteln zur Verfügung, um Natursteinoberflächen zu reinigen oder zu schützen. Meist sind dies so genannte Imprägnierungsmittel, die den Naturstein vor Flecken schützen sollen. Diese Mittel werden jedoch von den in Reinigungsmitteln enthaltenen Tensiden angegriffen. Eine erneute Behandlung ist selten möglich, da der neue Imprägnierer nicht mehr in den Stein eindringen kann und wie eine Klebeschicht auf der Oberfläche haftet. Diese ist, wenn überhaupt, nur noch mit aggressiven Mitteln zu entfernen, die auch den Stein schädigen können. Ein Imprägnieren der Steinoberfläche bewirkt so meist nur einen zeitlich begrenzten Schutz. Oberflächliche Mineralumwandlungen durch Badchemikalien, den so genannten Säurefraß, können sie ebenfalls nicht verhindern. Die zumeist silikon- oder siloxanhaltigen Mittel sollen vor allem keine Oberflächenveränderung bewirken und keinen Glanz hinterlassen. Das Gestein muss offenporig bleiben und die Wasserdampfdurchlässigkeit darf nicht wesentlich beeinträchtigt werden. Diese Mittel haben in der Regel eine gute Haltbarkeit, da sie keinem mechanischen Verschleiß ausgesetzt sind. Neben den Reinigungsmitteln sind es vor allen Dingen Hygieneartikel, die die Oberfläche der Natursteine im Badezimmer schädigen können. Spuren, die oft durch ein einfaches Überschleifen der Oberfläche wieder entfernt werden können.

Die als Wachsfluate im Handel erhältlichen Lösemittel-Wachs-Gemische können neben einem Farbton vertiefenden Effekt eine schädigende Wirkung auf Fugenmaterialien oder Naturstein haben.

Um Naturstein richtig zu pflegen, braucht es meist nur Wasser und Seife. Reinigungsmittel wie pH-Wert-neutrale Seifen, die so genannte Schmierseife, genügen vollkommen. Denn: Naturstein wird – wenn man ihn in Ruhe lässt und nicht ständig mit Bürste und Seife traktiert – im Alter immer noch schöner. Er patiniert auch nach einer langen Nutzungsperiode geradezu in Würde.

Bearbeitungsbereite Natursteine

Natursteine aussuchen

Natursteine unterliegen – wie alle zur Gestaltung menschlicher Lebensräume eingesetzten Baumaterialien – Modeströmungen. Steine, die sich heute einer besonderen Popularität erfreuen, können schon morgen nicht mehr gefragt sein. Natursteine werden heute auf der ganzen Welt gewonnen. Die Materialvielfalt – heute werden weltweit über 3000 Materialien angeboten – ist unbeschreiblich. Hier findet jeder seinen Stein …

Natursteinbeispiele

Im Folgenden werden 48 Natursteine vorgestellt, die häufig Verwendung finden. Sie sind nicht genau identisch mit den Steinen, die für die vorgestellten Projekte verarbeitet worden sind. Einzelne Steine tauchen demzufolge nur bei den Projekten auf, andere nur hier, um ein größeres Spektrum zu zeigen.

Die Kostenangabe erfolgt in 5 Stufen von preiswert bis sehr teuer und ist jeweils durch 1 bis 5 €-Zeichen gekennzeichnet.

Thassos

Gruppe: Metamorphite
Untergruppe: Marmor
Weitere Handelsnamen: keine
Referenzobjekte: Chinesische Botschaft, Berlin
Farb- und Strukturspektrum: sehr gleichmäßig, feinkörnig
Oberflächenempfindlichkeit: säureempfindlich
Vorkommen: Griechenland, im Nordosten der Insel Thassos
Kosten pro m²: €€€€

Ajax

Gruppe: Metamorphite
Untergruppe: Marmor
Weitere Handelsnamen: keine
Referenzobjekte: im Innenausbau
Farb- und Strukturspektrum: gleichmäßig, mittelkörnig
Oberflächenempfindlichkeit: säureempfindlich
Vorkommen: Griechenland, in der Provinz Makedonien, in der Nähe der Stadt Drama
Kosten pro m²: €€€

Bethel White

Gruppe: Plutonite
Untergruppe: Granit
Weitere Handelsnamen: Lord Granit
Referenzobjekte: in der Außen- und Innenarchitektur
Farb- und Strukturspektrum: gleichmäßig, mittelkörnig
Oberflächenempfindlichkeit: Imprägnierung gegen Rotwein oder Kaffee empfehlenswert
Vorkommen: USA, im Bundesstaat Vermont, südöstlich der Stadt Burlington
Kosten pro m²: €€€€

Bianco Carrara Statuario

Gruppe: Metamorphite
Untergruppe: Marmor
Weitere Handelsnamen: keine
Referenzobjekte: Grande Arche in Paris
Farb- und Strukturspektrum: sehr unterschiedlich
Oberflächenempfindlichkeit: säureempfindlich
Vorkommen: Italien, in den Apuanischen Alpen, in der Nähe der Stadt Carrara
Kosten pro m²: €€€

Bianco Carrara C

Gruppe: Metamorphite
Untergruppe: Marmor
Weitere Handelsnamen: keine
Referenzobjekte: einer der gebräuchlichsten Naturstein der Welt
Farb- und Strukturspektrum: unterschiedlich
Oberflächenempfindlichkeit: säureempfindlich
Vorkommen: Italien, in den Apuanischen Alpen, in der Nähe der Stadt Carrara
Kosten pro m²: €

Calacatta Vagli

Gruppe: Metamorphite
Untergruppe: Marmor
Weitere Handelsnamen: keine
Referenzobjekte: im Innenausbau
Farb- und Strukturspektrum: sehr unterschiedlich
Oberflächenempfindlichkeit: säureempfindlich
Vorkommen: Italien, in den Apuanischen Alpen, in der Nähe der Stadt Carrara
Kosten pro m²: €€

Kashmir White

Gruppe: Metamorphite
Untergruppe: Gneis
Weitere Handelsnamen: keine
Referenzobjekte:
Stadtsparkasse Heilbronn
Farb- und Strukturspektrum:
sehr unterschiedlich, mittelkörnig
Oberflächenempfindlichkeit: gering
Vorkommen: Indien, Bundesstaat Tamil Nadu, südlich der Stadt Maurai
Kosten pro m²: €€€

Pinta Verde

Gruppe: Metamorphite
Untergruppe: Marmor
Weitere Handelsnamen: keine
Referenzobjekte: im Innenausbau
Farb- und Strukturspektrum:
sehr unterschiedlich
Oberflächenempfindlichkeit:
säureempfindlich
Vorkommen: Panama
Kosten pro m²: €€€

Imperial White

Gruppe: Metamorphite
Untergruppe: Gneis
Weitere Handelsnamen: keine
Referenzobjekte: Fassade der Fa. Schenk in Fürth
Farb- und Strukturspektrum:
relativ gleichmäßig
Oberflächenempfindlichkeit: gering
Vorkommen: Indien, im Bundesstaat Tamilnadu
Kosten pro m²: €€€

Biancone

Gruppe: Sedimentgesteine
Untergruppe: Kalkstein
Weitere Handelsnamen: Bianco Perlino, Bianco Veneto, Bianco Verona
Referenzobjekte: Gebäude und Bodenbeläge in vielen Städten in Oberitalien
Farb- und Strukturspektrum: relativ gleichmäßig
Oberflächenempfindlichkeit: säureempfindlich
Vorkommen: Italien, in der Provinz Veneto, in der Nähe der Ortschaft Sant'Ambrogio di Valpolicella
Kosten pro m²: €€

Botticino Classico

Gruppe: Sedimentgesteine
Untergruppe: Kalkstein
Weitere Handelsnamen: keine
Referenzobjekte: Gebäude in und um Brescia
Farb- und Strukturspektrum: gering
Oberflächenempfindlichkeit: säureempfindlich
Vorkommen: Italien, in der Provinz Lombardei, wenige Kilometer östlich der Stadt Brescia
Kosten pro m²: €

Chauvigny

Gruppe: Sedimentgesteine
Untergruppe: Kalkstein
Weitere Handelsnamen: keine
Referenzobjekte: Gebäude in Frankreich
Farb- und Strukturspektrum: gleichmäßig
Oberflächenempfindlichkeit: säureempfindlich
Vorkommen: Frankreich, im Département Vienne, etwa 20 Kilometer östlich von Poitiers
Kosten pro m²: €€€

Chaumont

Gruppe: Sedimentgesteine
Untergruppe: Kalkstein
Weitere Handelsnamen: keine
Referenzobjekte: Gebäude in Frankreich
Farb- und Strukturspektrum: gleichmäßig
Oberflächenempfindlichkeit: säureempfindlich
Vorkommen: Frankreich
Kosten pro m²: €€€

Dorato Valmalenco

Gruppe: Sedimentgesteine
Untergruppe: Kalkstein
Weitere Handelsnamen: keine
Referenzobjekte: im Innenausbau
Farb- und Strukturspektrum: sehr unterschiedlich
Oberflächenempfindlichkeit: gering
Vorkommen: Italien
Kosten pro m²: €€€

Crema Marfil

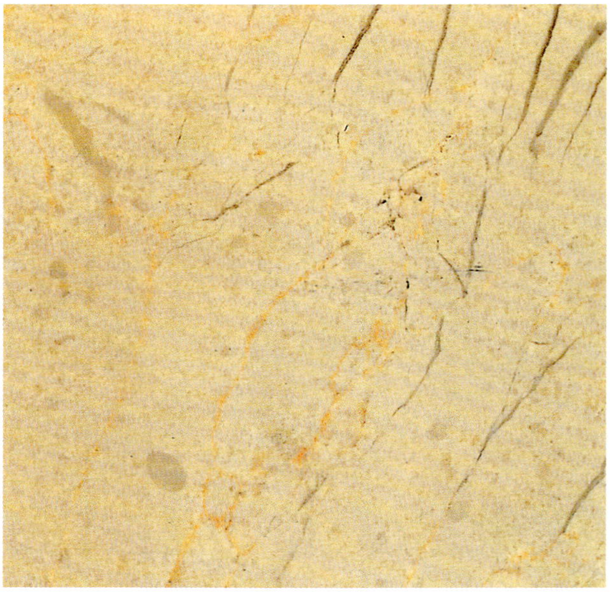

Gruppe: Sedimentgesteine
Untergruppe:
Weitere Handelsnamen: keine
Referenzobjekte: im Innenausbau
Farb- und Strukturspektrum: gering
Oberflächenempfindlichkeit: säureempfindlich
Vorkommen: Spanien, in der Provinz Alicante, in der Nähe der Stadt Novelda
Kosten pro m²: €€

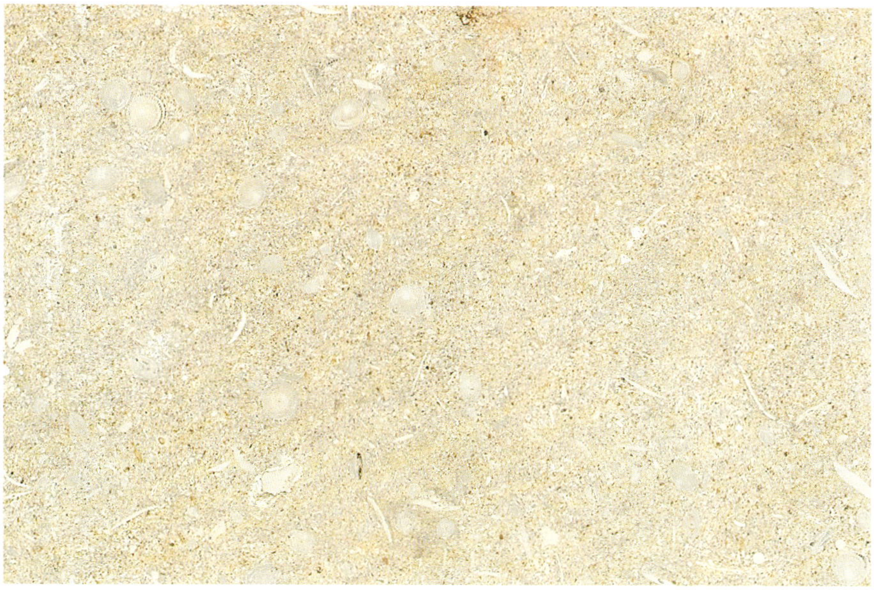

Giallo Dorato

Gruppe: Sedimentgesteine
Untergruppe: Kalkstein
Weitere Handelsnamen: Pietra di Vicenza, Pietra di Nanto
Referenzobjekte: Verwaltung der DG-Bank am Pariser Platz in Berlin
Farb- und Strukturspektrum: gleichmäßig
Oberflächenempfindlichkeit: porös und säurempfindlich
Vorkommen: Italien, in der Provinz Venetien, in der Nähe der Stadt Nanto
Kosten pro m²: €€

Giallo Reale

Gruppe: Sedimentgestein
Untergruppe: Kalkstein
Weitere Handelsnamen: keine
Referenzobjekte: im Innenausbau
Farb- und Strukturspektrum: sehr unterschiedlich
Oberflächenempfindlichkeit: säureempfindlich
Vorkommen: Italien, in der Provinz Veneto, in der Nähe der Stadt Verona
Kosten pro m²: €€€

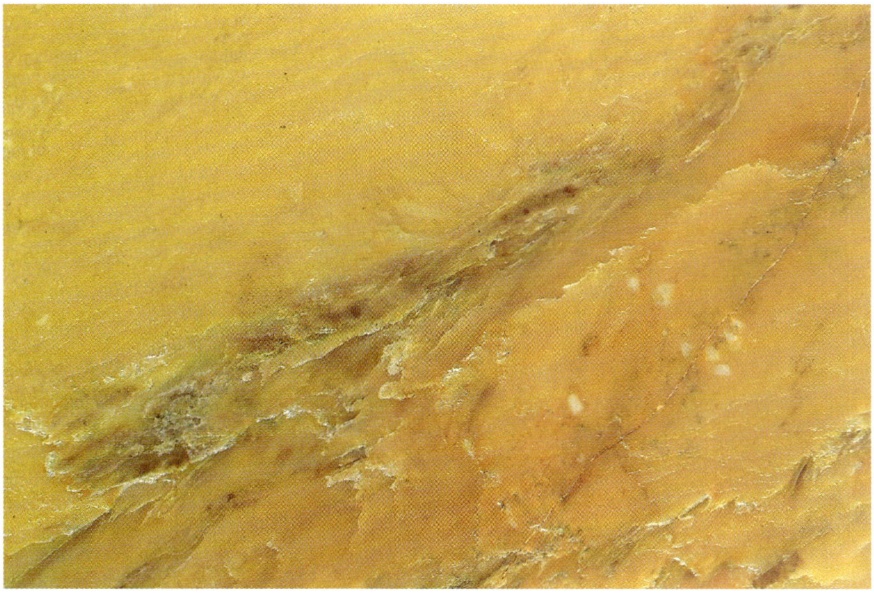

Giallo Siena

Gruppe: Metamorphite
Untergruppe: Marmor
Weitere Handelsnamen: keine
Referenzobjekte: Dom in Siena
Farb- und Strukturspektrum: unterschiedlich, viele Lager und Risse
Oberflächenempfindlichkeit: säureempfindlich
Vorkommen: Italien, in der Provinz Toskana, in der Nähe der Stadt Siena
Kosten pro m²: €€€€

Juparana India

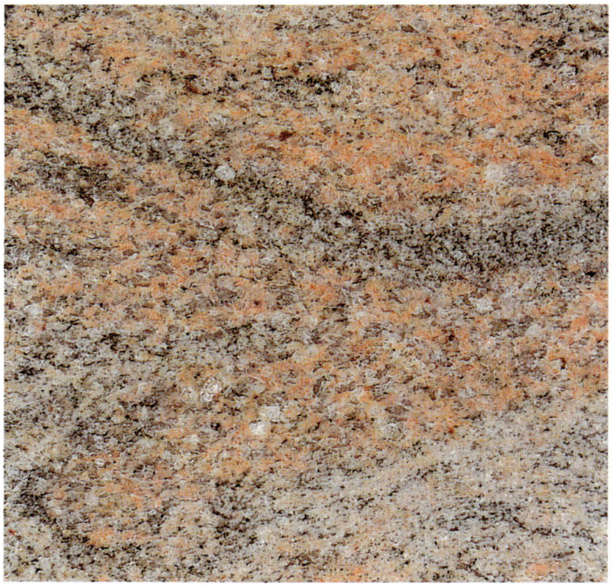

Gruppe: Metamorphite
Untergruppe: Gneis
Weitere Handelsnamen: keine
Referenzobjekte:
Volksbank Bad Wimpfen
Farb- und Strukturspektrum:
unterschiedlich
Oberflächenempfindlichkeit: gering
Vorkommen: Indien, im Bundesstaat Karnakapura, in der Nähe der Stadt Bangalore
Kosten pro m²: €€€

Juramarmor

Gruppe: Sedimentgesteine
Untergruppe: Kalkstein
Weitere Handelsnamen: Treuchtlinger Marmor, Eichstätter Marmor, Dietfurter Kalkstein
Referenzobjekte: einer der populärsten Natursteine Deutschlands
Farb- und Strukturspektrum:
sehr unterschiedlich, jedoch mit verschiedenen Bezeichnungen
Oberflächenempfindlichkeit:
säureempfindlich
Vorkommen: Deutschland, im Freistaat Bayern, im Altmühltal zwischen Treuchtlingen und Eichstätt
Kosten pro m²: €

Lens

Gruppe: Sedimentgesteine
Untergruppe: Kalkstein
Weitere Handelsnamen: keine
Referenzobjekte:
Haus Ungers in der Eifel
Farb- und Strukturspektrum:
sehr feinkörnig, gleichmäßig, jedoch mit unterschiedlicher Aderung
Oberflächenempfindlichkeit:
säureempfindlich
Vorkommen: Frankreich, im Département Gard, etwa 20 Kilometer nördlich von Nizza
Kosten pro m²: €€€

Massangis

Gruppe: Metamorphite
Untergruppe: Marmor
Weitere Handelsnamen:
Roche d'Hervaux
Referenzobjekte:
Fassade der Opera de la Bastille in Paris, Bodenbelag der Herz-Jesu-Kirche in München-Neuhausen
Farb- und Strukturspektrum:
porös, eher gleichmäßig
Oberflächenempfindlichkeit:
säureempfindlich
Vorkommen: Frankreich, in der Provinz Yonne, nördlich der Stadt Avallon
Kosten pro m²: €€

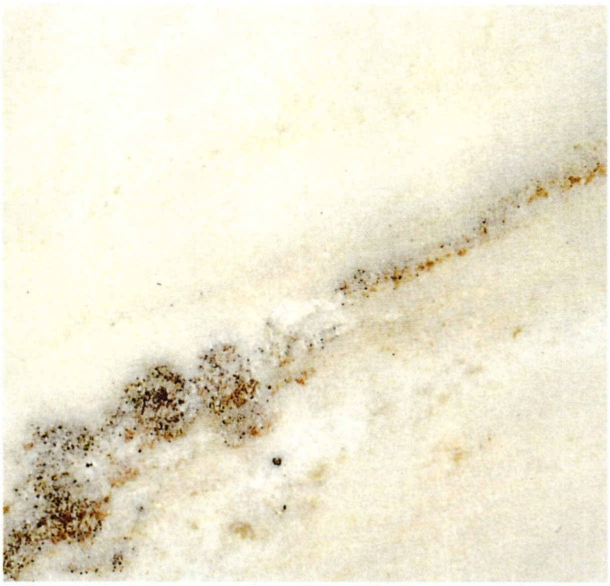

Palissandro Classico

Gruppe: Metamorphite
Untergruppe: Marmor
Weitere Handelsnamen: keine
Referenzobjekte: im Innenausbau
Farb- und Strukturspektrum:
feinkörnig, sehr unterschiedlich
Oberflächenempfindlichkeit:
säureempfindlich
Vorkommen: Italien, in der Provinz Novara, in der Nähe der Stadt Creveladossola
Kosten pro m²: €€€

Azul do Macaubas

Gruppe: Metamorphite
Untergruppe: Quarzit
Weitere Handelsnamen: keine
Referenzobjekte: im Innenausbau
Farb- und Strukturspektrum:
sehr unterschiedlich
Oberflächenempfindlichkeit:
eher gering
Vorkommen: Brasilien, im Bundesstaat Bahia, in der Nähe der Ortschaft Macaubas
Kosten pro m²: €€€€€

Azul Imperial

Gruppe: Metamorphite
Untergruppe: Quarzit
Weitere Handelsnamen: keine
Referenzobjekte: im Innenausbau
Farb- und Strukturspektrum: sehr unterschiedlich
Oberflächenempfindlichkeit: gering
Vorkommen: Brasilien, im Bundesstaat Bahia, in der Nähe der Ortschaft Macaubas
Kosten pro m²: €€€€€

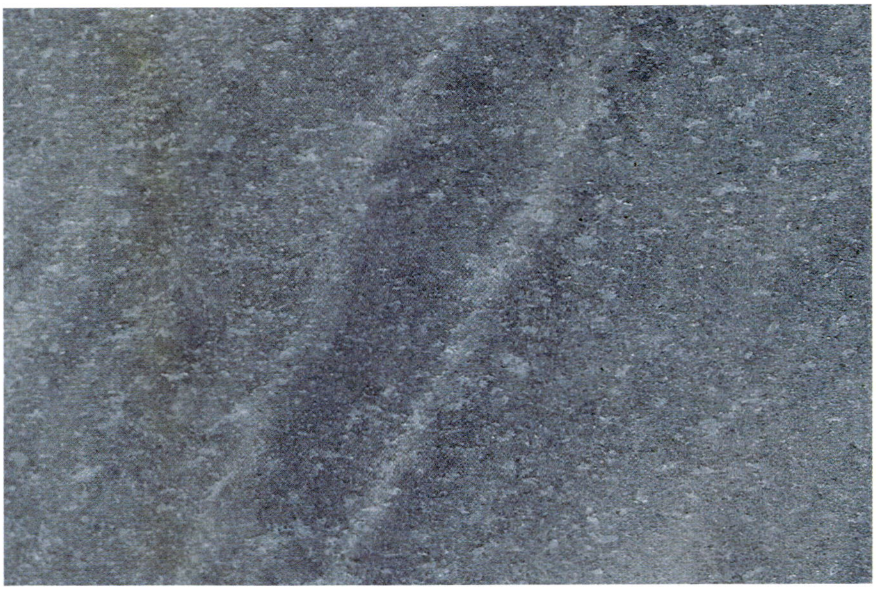

Azul Bahia

Gruppe: Plutonite
Untergruppe: Granit (Sodalith-Foyait)
Weitere Handelsnamen: keine
Referenzobjekte: im Innenausbau
Farb- und Strukturspektrum: sehr unterschiedlich
Oberflächenempfindlichkeit: säureempfindlich
Vorkommen: Brasilien, im Bundesstaat Bahia, in der Nähe der Ortschaft Macaubas
Kosten pro m²: €€€€€

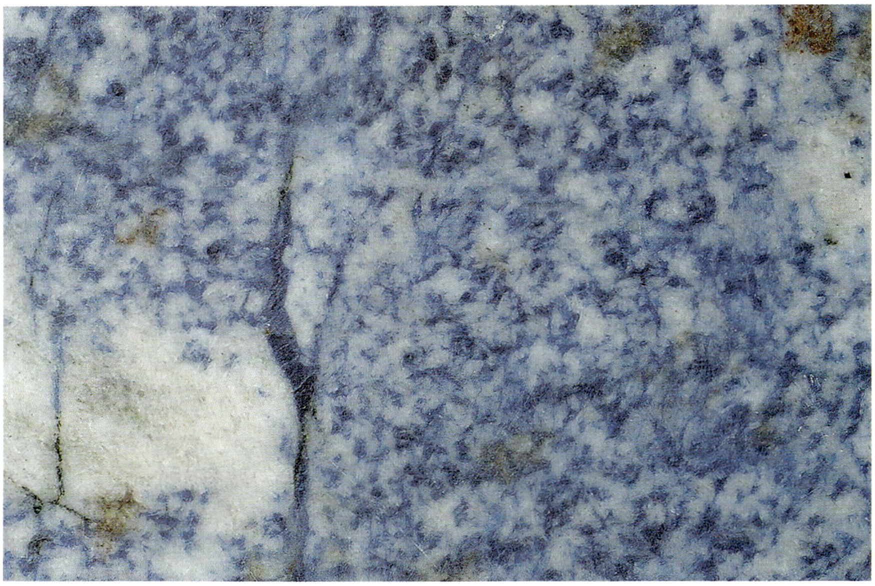

Blue Pearl GT

Gruppe: Plutonite
Untergruppe: Syenit
Weitere Handelsnamen: Labrador hell
Referenzobjekte: Fassade der Mannheimer-Versicherung, Mannheim
Farb- und Strukturspektrum: gleichmäßig
Oberflächenempfindlichkeit: gering
Vorkommen: Norwegen, in der Region Porsgrunn-Larvik, etwa 100 Kilometer südlich von Oslo
Kosten pro m²: €€€

Blue King

Gruppe: Plutonite
Untergruppe: Granit (Sodalith-Foyait)
Weitere Handelsnamen: keine
Referenzobjekte: im Innenausbau
Farb- und Strukturspektrum: gleichmäßig
Oberflächenempfindlichkeit: säureempfindlich
Vorkommen: Sambia
Kosten pro m²: €€€€€

Blue Eyes

Gruppe: Plutonite
Untergruppe: Granit (Anorthosit)
Weitere Handelsnamen: keine
Referenzobjekte: Bodenbelag im Spielcasino Stuttgart
Farb- und Strukturspektrum: gleichmäßig, jedoch unterschiedlich intensive blaue Einschlüsse
Oberflächenempfindlichkeit: gering
Vorkommen: Kanada, an der Nordküste der Halbinsel Labrador, in der Nähe der Ortschaft Nain
Kosten pro m²: €€€€

Bardiglio

Gruppe: Metamorphite
Untergruppe: Marmor
Weitere Handelsnamen: keine
Referenzobjekte: im Innenausbau
Farb- und Strukturspektrum: gleichmäßig
Oberflächenempfindlichkeit: säureempfindlich
Vorkommen: Italien, in der Provinz Versilien, in der Nähe der Stadt Carrara
Kosten pro m²: €€

Estremoz Creme

Gruppe: Metamorphite
Untergruppe: Marmor
Weitere Handelsnamen:
Rosa Portogallo, Estremoz Claro, Lagoa Creme
Referenzobjekte: im Innenausbau
Farb- und Strukturspektrum:
unterschiedlich
Oberflächenempfindlichkeit:
säureempfindlich
Vorkommen: Portugal, in der Nähe der Ortschaft Villa Viscosa
Kosten pro m²: €€€

Estremoz Rosé

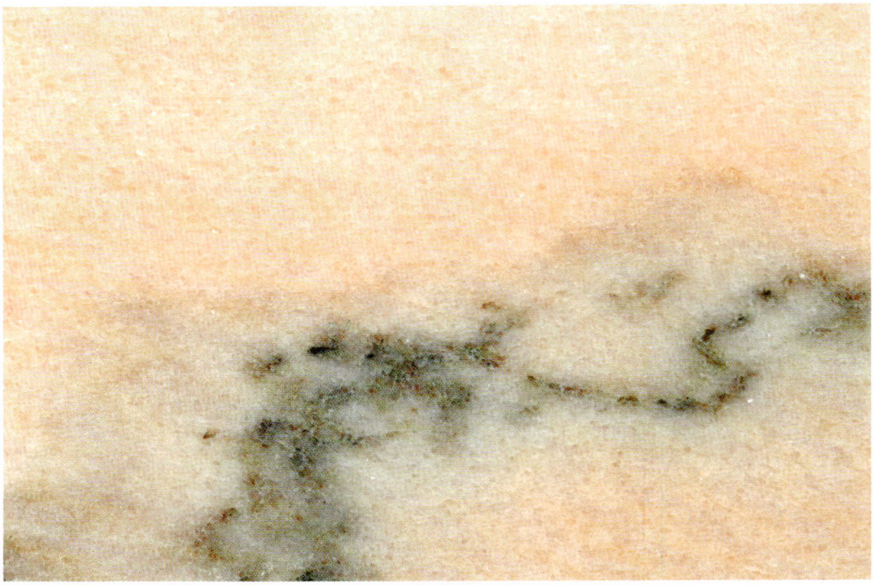

Gruppe: Metamorphite
Untergruppe: Marmor
Weitere Handelsnamen:
Rosa Portogallo
Referenzobjekte: im Innenausbau
Farb- und Strukturspektrum:
extrem unterschiedlich
Oberflächenempfindlichkeit:
säureempfindlich
Vorkommen: Portugal, in der Nähe der Ortschaft Villa Viscosa
Kosten pro m²: €€€

Rojo Alicante

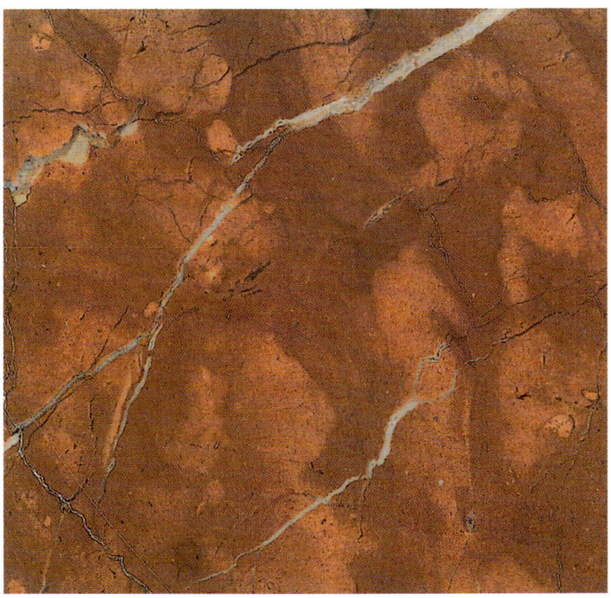

Gruppe: Sedimentgesteine
Untergruppe: Kalkstein
Weitere Handelsnamen: keine
Referenzobjekte: im Innenausbau
Farb- und Strukturspektrum:
gleichmäßig, jedoch unterschiedlich starke Aderungen
Oberflächenempfindlichkeit:
säureempfindlich
Vorkommen: Spanien, in der Provinz Alicante, in der Nähe der Ortschaft Monovar
Kosten pro m²: €€€

Rosso Verona

Gruppe: Sedimentgesteine
Untergruppe: Kalkstein
Weitere Handelsnamen: Verona Rot
Referenzobjekte:
Historische Gebäude in ganz Europa
Farb- und Strukturspektrum:
gleichmäßig
Oberflächenempfindlichkeit:
säureempfindlich
Vorkommen: Italien, in der Provinz Verona, in der Nähe der Ortschaft Sant 'Ambrogio di Valpolicella
Kosten pro m²: €€

Dorfergrün

Gruppe: Metamorphite
Untergruppe: Serpentinite
Weitere Handelsnamen: keine
Referenzobjekte:
Fassade der IKB-Bank, Düsseldorf
Farb- und Strukturspektrum:
gleichmäßig
Oberflächenempfindlichkeit: gering
Vorkommen: Österreich, in Osttirol in der Nähe der Ortschaft Hinterbichl
Kosten pro m²: €€€

Verde Alpi

Gruppe: Metamorphite
Untergruppe: Serpentinit
Weitere Handelsnamen: keine
Referenzobjekte: im Innenausbau
Farb- und Strukturspektrum:
sehr unterschiedlich
Oberflächenempfindlichkeit:
säureempfindlich
Vorkommen: Italien, in der Provinz Aosta, in der Nähe der Ortschaft Verres
Kosten pro m²: €€€

Verde Ubatuba

Gruppe: Plutonite
Untergruppe: Granit (Charnokit)
Weitere Handelsnamen: keine
Referenzobjekte:
in der Außen- und Innenarchitektur
Farb- und Strukturspektrum:
gleichmäßig
Oberflächenempfindlichkeit:
unempfindlich
Vorkommen: Brasilien, zwischen Sao Paulo und Rio de Janeiro in der Nähe der Ortschaft Ubatuba
Kosten pro m²: €€€

Verde Aosta

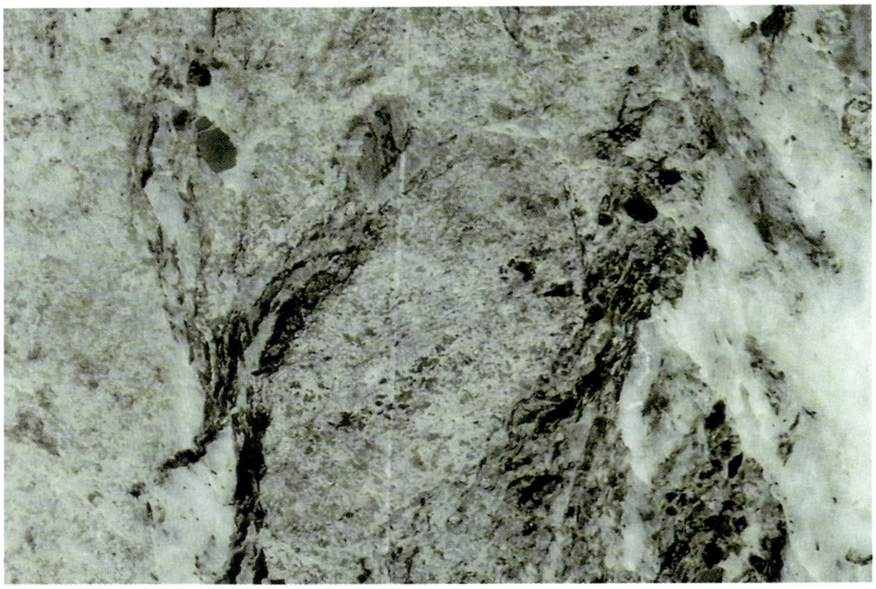

Gruppe: Metamorphite
Untergruppe: Gneis
Weitere Handelsnamen: keine
Referenzobjekte: zahlreiche öffentliche Gebäude im Aosta-Tal
Farb- und Strukturspektrum:
gleichmäßig
Oberflächenempfindlichkeit: gering
Vorkommen: Italien, in der Provinz Aosta, in der Nähe der Ortschaft Verres
Kosten pro m²: €€€€

Verde Guatemala

Gruppe: Metamorphite
Untergruppe: Seroentinit
Weitere Handelsnamen: keine
Referenzobjekte:
in der Außen- und Innenarchitektur
Farb- und Strukturspektrum:
oft weiße Schlieren
Oberflächenempfindlichkeit: gering
Vorkommen: Indien, im Bundesstaat Rajasthan, in der Nähe der Stadt Udaipur
Kosten pro m²: €€€

Verde Spluga

Gruppe: Metamorphite
Untergruppe: Quarzit
Weitere Handelsnamen: keine
Referenzobjekte: Haas-Haus, Wien
Farb- und Strukturspektrum: Grundton sehr gleichmäßig, Aderung sehr unterschiedlich
Oberflächenempfindlichkeit: gering
Vorkommen: Schweiz, im Kanton Graubünden, am Splügenpaß
Kosten pro m²: €€€

Pietra Serena

Gruppe: Sedimentgesteine
Untergruppe: Sandstein
Weitere Handelsnamen: Pietra Dura, Pietra di Firenzuola
Referenzobjekte: Leibniz-Kolonaden, Berlin
Farb- und Strukturspektrum: sehr gleichmäßig
Oberflächenempfindlichkeit: gering
Vorkommen: Italien, in der Provinz Toskana, in der Nähe der Stadt Firenzuola
Kosten pro m²: €€

Basaltina

Gruppe: Vulkanite
Untergruppe: Vulkanit
Weitere Handelsnamen: keine
Referenzobjekte: Treppenanlage im Flughafen Schiphol, Amsterdam
Farb- und Strukturspektrum: sehr gleichmäßig
Oberflächenempfindlichkeit: gering
Vorkommen: Italien, in der Provinz Viterbo, in der Nähe der Ortschaft Bagnoreggio
Kosten pro m²: €€€

Maggia

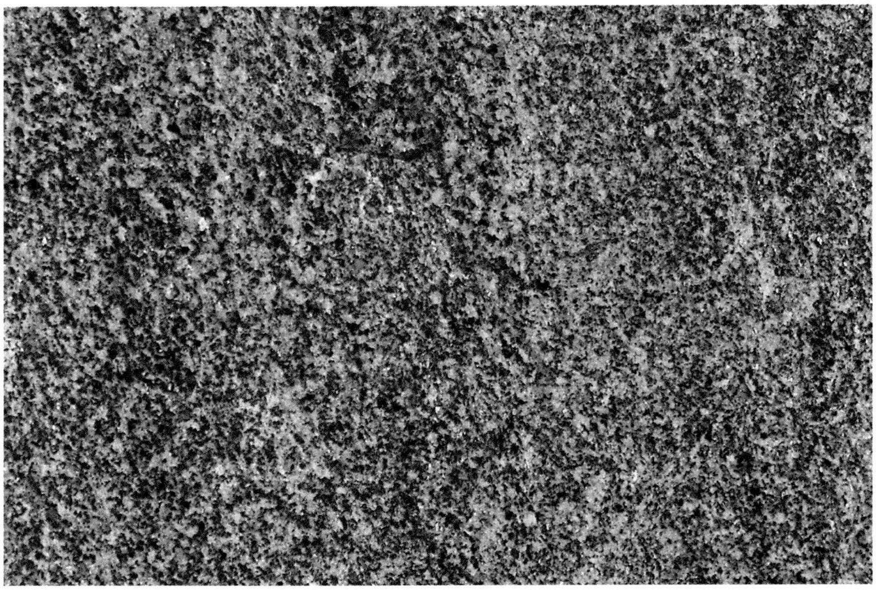

Gruppe: Metamorphite
Untergruppe: Gneis
Weitere Handelsnamen: Spaltgranit, Sarizzo Maggia
Referenzobjekte: Gebäude im Tessin
Farb- und Strukturspektrum: gleichmäßig
Oberflächenempfindlichkeit: gering
Vorkommen: Schweiz, im Kanton Tessin, nördlich der Stadt Locarno
Kosten pro m²: €€€

Virginia Mist

Gruppe: Plutonite
Untergruppe: Granit
Weitere Handelsnamen: Jet Mist
Referenzobjekte: in der Außen- und Innenarchitektur
Farb- und Strukturspektrum: *gleichmäßig*
Oberflächenempfindlichkeit: gering
Vorkommen: Kanada
Kosten pro m²: €€€€

Nero Impala

Gruppe: Plutonite
Untergruppe: Norit
Weitere Handelsnamen: Nero Afrika, Rustenburg
Referenzobjekte: in der Außen- und Innenarchitektur
Farb- und Strukturspektrum: gleichmäßig
Oberflächenempfindlichkeit: gering
Vorkommen: Südafrika, in der Provinz Transvaal, in der Nähe der Ortschaft Rustenburg
Kosten pro m²: €€

Nero Portoro

Gruppe: Sedimentgestein
Untergruppe: Kalkstein
Weitere Handelsnamen: keine
Referenzobjekte: im Innenausbau
Farb- und Strukturspektrum: sehr unterschiedlich
Oberflächenempfindlichkeit: säureempfindlich
Vorkommen: Italien, in der Provinz Ligurien, auf dem Festland bei der Stadt Portovenere und auf der Insel Palmaria, in der Nähe der Stadt La Spezia
Kosten pro m²: €€€€€

Star Galaxy

Gruppe: Plutonite
Untergruppe: Gabbro
Weitere Handelsnamen: keine
Referenzobjekte: in der Außen- und Innenarchitektur
Farb- und Strukturspektrum: gleichmäßig, jedoch Unterschiede in der Größe der kupferfarbenden Einschlüsse
Oberflächenempfindlichkeit: gering
Vorkommen: Indien, in der Provinz Andhra Pradesh, in der Nähe der Ortschaft Ongole
Kosten pro m²: €€€€

Nero Assoluto

Gruppe: Plutonite
Untergruppe: Gabbro
Weitere Handelsnamen: keine
Referenzobjekte: in der Außen- und Innenarchitektur
Farb- und Strukturspektrum: sehr gleichmäßig
Oberflächenempfindlichkeit: gering
Vorkommen: Südafrika, in der Provinz Transvaal, in der Nähe der Ortschaft Rustenburg
Kosten pro m²: €€

Weiterführende Literatur

Bäder

Hartmut Böhme (Hrsg.), *Kulturgeschichte des Wasser*, Frankfurt am Main, 1982

Erika Brödner, *Die römischen Thermen und das antike Badewesen*, Stuttgart 1997

hansgrohe (Hrsg.), *Badewonnen, Gestern, Heute, Morgen*, Köln 1993

Siegfried Giedion, *Geschichte des Bades*, Hamburg 1998

Horst Prignitz, *Wasserkur und Badelust, Eine Badereise in die Vergangenheit*, Berlin 1986

Karin Rabausch, Uta Krampitz, *Bäder, Handbuch zur Badezimmerplanung*, Köln 2001

Renate Telle-Kastenhein, *Antike Badekultur*, München 1990

Marga Weber, *Antike Badekultur*, München 1996

Jane Withers, Christoph Kicherer, *Schöne Bäder, Raffinierte Details, Modernes Design, Funktionaler Luxus*, München 2000

Françoise de Bonneville, *Das Buch vom Bad*, München 1998

Naturstein

Herbert Fahrenkrog, *Bodenbeläge aus Natur- und Betonwerkstein: Verlegetechniken*, München 2001

Karlfried Fuchs, *Natursteine aus aller Welt*, München 1997

Friedrich Müller (Hrsg.), *Internationale Natursteinkartei Kompakt*, Ulm 2001

Friedrich Müller, *Gesteinskunde*, Ulm 2001

Dietmar Reinsch, *Natursteinkunde, Eine Einführung für Bauingenieure Architekten, Denkmalpfleger und Steinmetze*, Stuttgart 1995

Margret und Horst Wanetschek (Hrsg.), *Naturstein und Architektur*, München 1999

Rainer Weber, Detlev Hill, *Naturstein für Anwender. Beurteilen, verkaufen, verlegen*, Ulm 2000

Bildnachweis

Claus Rammel, Rosenheim, für Dichtl Naturstein GmbH, S. 2, 4, 38, 58 bis 61
Daniel Mosch, München, für Johann Steiniger, München, S. 4, 70, 98 bis 103, 110, 111
Willy Hafner, München, S. 4, 6, 126, 128 bis 139
Bildarchiv Preußischer Kulturbesitz (bpk), Berlin, S. 9, 11 (2)
Studio Interni, Linda Ossola, München, s. 12
Frank Springer, S . 16 bis 19
Antiquarex, S. r. L., Stallavena, Italien, s. 4, 14, 20, 21
Konzeptagentur Vogelsang, Grevenbroich, s. 22 bis 25
Elvira Peter, München, für Johann Steiniger, München, S. 26, 27, 38 bis 41, 90, 91
Studio Bräutigam, Schweinfurt, für Natursteinwerk Neuhoff, Schwanfeld, s. 30 bis 33, 104, 105, 119, 122
Georg Pfeilschifter, Lenting, für Schubert GmbH, Ingolstadt, s. 34, 35, 44 bis 49, 62 bis 65, 70 bis 73, 80 bis 83, 84 bis 89, 118 bis 125
Minz Creativ Factory, Dorfen, für Dichtl Naturstein GmbH, Buchbach, S. 25, 37, 121
Kaminbau Stegemann, Nottuln, S. 50 bis 53, 56, 57
Andreas Birzle, Heimenkirch, für Rudolph Stein und Handwerk, Weiler, S. 54, 55, 76 bi 79, 96, 97
Photo Design Zeitler, Nürnberg, für Baumann Naturstein, Röttingen, S. 66 bis 69
Luca Mercury, Steinmannwald, für Baumann Naturstein, Röttingen, S. 106 bis 109
Marmor Ströhmann, Hofheim-Wallau, S. 112 bis 115
Herbert Freymadl, Gernsheim, S. 118
Stone & More, Ulm, s. 124

Impressum

Streitfeldstraße 35, 81673 München
www.callwey.de
E-Mail: buch@callwey.de

Die Deutsche Bibliothek – CIP-Einheitsaufnahme
Ein Titelsatz für diese Publikation ist bei der Deutschen Bibliothek erhältlich.

ISBN 3-7667-1494-5

Umschlaggestaltung: Fotolitho, Longo Bozen,
unter Verwendeung der Abbildungen von S. 12, 31, 33, 59, 97
Herstellung: Buchhaus Gigler, München
Litho: Fotolitho Longo, Bozen
Druck und Bindung: Druckerei Auer, Donauwörth
Printed in Germany 2001

BAUMANN
Steinmetz • Natursteinwerk